Manuel Irmer

Die richtige Medizin für das kranke Gesundheitssystem:

Bürgerversicherung – Prämienmodell – Alternativkonzept?

Diplomica® Verlag GmbH

Irmer, Manuel: Die richtige Medizin für das kranke Gesundheitssystem:
Bürgerversicherung – Prämienmodell – Alternativkonzept?, Hamburg, Diplomica Verlag
GmbH 2009

ISBN: 978-3-8366-8315-9
Druck Diplomica® Verlag GmbH, Hamburg, 2009

Bibliografische Information der Deutschen Nationalbibliothek
Die Deutsche Nationalbibliothek verzeichnet diese Publikation in der Deutschen
Nationalbibliografie; detaillierte bibliografische Daten sind im Internet über
http://dnb.d-nb.de abrufbar.

Die digitale Ausgabe (eBook-Ausgabe) dieses Titels trägt die ISBN 978-3-8366-3315-4
und kann über den Handel oder den Verlag bezogen werden.

Zusammenfassung

Die vorliegende Arbeit befasst sich mit den beiden Kranken- und Pflegeversicherungs-
zweigen innerhalb der sozialen Sicherung. Es werden die systemimmanenten Konzeptions-
und Finanzprobleme lokalisiert, dargestellt und diskutiert. Hierbei werden die jüngsten Reformen mit einbezogen. Darauf aufbauend erfolgt eine Erläuterung und Gegenüberstellung
der im politischen und wissenschaftlichen Fokus stehenden Reformoptionen. Als maßgeb-
liches Beurteilungskriterium dient bei der Bewertung die voraussichtliche Beeinflussung
der Finanzsituation im jeweiligen Umsetzungsszenario. Des Weiteren fließen auch Ver-
mögensverteilungseffekte und Auswirkungen auf die Leistungs- und Systemstrukturen in
die Analyse mit ein. Abschließend wird das jeweils sinnvollste Reformpaket herausgearbeitet und auf seine mögliche politische und gesellschaftliche Realisierung überprüft.

Summary

The present work deals with both health and nursing assurance branches within the social
protection. The system-immanent concept and finance problems are localised, shown and
discussed. On this occasion, the latest reforms are incorporated. Building up on it an ex-
planation and confrontation of the reform options standing in the political and scientific focus occurs. As a decisive judgement criterion the prospective influencing of the finance
situation serves by the assessment in the respective conversion scenario. Besides property
distribution effects and consequences on the achievement and system structures also flow
into the analysis. Finally the most useful reform package in each case is worked out and
checked for its possibly political and social realisation.

Inhaltsverzeichnis

Abbildungsverzeichnis

Tabellenverzeichnis

Abkürzungsverzeichnis

AOK	Allgemeine Ortskrankenkasse
BKK	Betriebskrankenkasse
BIP	Bruttoinlandsprodukt
CDU	Christliche Demokratische Union Deutschlands
GKV	Gesetzliche Krankenversicherung
GKV-WSG	Gesetz zur Stärkung des Wettbewerbs in der gesetzlichen Krankenversicherung
IKK	Innungskrankenkasse
KSM	Kapital-Steuer-Modell
KVdR	Krankenversicherung der Rentner
MDK	Medizinischer Dienst der Krankenversicherung
OECD	Organisation für wirtschaftliche Zusammenarbeit und Entwicklung
PKV	Private Krankenversicherung
PPV	Private Pflegepflichtversicherung
RSA	Risikostrukturausgleich
SPD	Sozialdemokratische Partei Deutschlands
SGB	Sozialgesetzbuch
SPV	Soziale Pflegeversicherung
vbw	Vereinigung der bayerischen Wirtschaft

1 Einleitung

1.1 Themeneinführung

> *"Ich kann freilich nicht sagen, ob es besser werden wird wenn es anders wird; aber so viel kann ich sagen, es muß anders werden, wenn es gut werden soll."*[1]

Die soziale Sicherung blickt in Deutschland auf eine lange, über 120 Jahre währende Tradition zurück. Im Laufe der Zeit wurde der Sozialstaatsgedanke kontinuierlich durch weitere Versicherungszweige, geschützte Personenkreise und erweiterte Leistungskataloge ausgebaut, wodurch eine umfassende Absicherung der Bevölkerung gegen die finanziellen Lebensrisiken geschaffen wurde. Diese Entwicklung führte zu einem steil ansteigenden Finanzbedarf, der über Beitragssatzsteigerungen aufgefangen wurde. Im Zeitverlauf erhöhten sich die gesamten Sozialversicherungsbeiträge von 26,5 % des Bruttoentgelts im Jahr 1970 auf 35,6 % im Jahr 1990.[2] Dieser Anstieg der Lohnnebenkosten belastete im zunehmenden Maße den Arbeitsmarkt, wodurch sich die Beschäftigungssituation verschlechterte. Darunter litt wiederum die Einnahmesituation der lohnzentrierten Sicherungssysteme.

Den anteilig größten Beitragsposten bildet nach der Rentenversicherung die Krankenversicherung. Trotz regelmäßiger politischer Kostendämpfungsgesetze konnte die Ausgabenexpansion im Gesundheitsbereich nicht aufgehalten werden. Besonders im Zuge der Wiedervereinigung und durch die Einführung der Pflegeversicherung im Jahre 1995 wuchsen die Gesundheitsausgaben bis heute auf rund 240 Mrd. Euro jährlich an, was rund ein Zehntel der gesamten deutschen Wirtschaftsleistung darstellt.[3] Dieses notwendige Finanzvolumen, das in Folge von demografischen und medizinisch-technischen Entwicklungen voraus-

---

[1] Lichtenberg, G.-C.: Sudelbücher Heft K (293), in: http://www.lichtenberg-gesellschaft.de/ l_wirk_sudel_02.html, 10.12.2007.

[2] Vgl. Bundeszentrale für politische Bildung: Entwicklung der Sozialversicherungsbeiträge, in: http://www.bpb.de/wissen/5RAYLD,,0,Entwicklung_der_Sozialversicherungsbeitr%E4ge.html, 12.12.2007.

[3] Vgl. Robert Koch-Institut: Gesundheit in Deutschland 2006 - Gesundheitsberichterstattung des Bundes, Berlin 2006, S.184.

sichtlich noch weiter anwachsen wird, stellt die Träger der sozialen Kranken- und Pflege-versicherung im derzeitigen Finanzierungssystem vor eine zunehmend defizitäre und damit existenzbedrohende Situation.

In diesem Zusammenhang entstand vor einigen Jahren eine breite politische, wissenschaft-liche und auch gesellschaftliche Diskussion über eine Neugestaltung der Finanzierungs-grundlage dieser Versicherungszweige, die bis in die heutige Zeit andauert. Alle Reformal-ternativen haben gemeinsam, dass sie die Sicherstellung der bedarfsgerechten Versorgung für die gesamte Bevölkerung nachhaltig gewährleisten wollen, ohne dabei den Einzelnen zu überfordern und ohne die wirtschaftliche Wettbewerbsfähigkeit des Landes zu schaden. Die konzeptionellen Auseinandersetzungen beziehen sich vor allem auf die bisherigen Kernelemente und Grundprinzipien der sozialen Sicherung, wie das Solidaritätsprinzip und die paritätische Beitragsfinanzierung oder auf die alternative Forderung nach erweiterter Selbstverantwortung und Eigenbeteiligung des Einzelnen.[4]

Ziel dieser Arbeit soll sein, die Nachhaltigkeitsprobleme der sozialen Kranken- und Pfle-geversicherung zu lokalisieren und die verschiedenen Lösungsalternativen darzustellen und zu diskutieren. Daraus soll sich anschließend das Finanzierungsinstrument ableiten lassen, mit dem die bestehenden Systemprobleme voraussichtlich am wirkungsvollsten zu begegnen ist.

1.2 Aufbau der Arbeit

Der erste Teil der Ausführungen bezieht sich auf die derzeitige Situation der im Fokus ste-henden Versicherungszweige. Er beinhaltet die Finanzierung und Organisation der Kran-ken- und Pflegeversicherung und die in diesen Bereichen aktuellsten Reformmaßnahmen bzw. -planungen. Des Weiteren werden hier zur Verdeutlichung der Reformnotwendigkeit

---

[4]   Vgl. Slesnia, W.: Reformierung des Gesundheitssystems-oder: In welchem Gesundheitssystem wollen wir leben?, Wiesbaden 2005, S.29.

die systemimmanenten Problemfelder aufgezeigt und damit zugleich die Ansatzpunkte für eine Neuadjustierung vorgegeben.

Der darauf folgende Abschnitt umfasst die Darstellung und Beurteilung der in der Diskussion stehenden Reformkonzepte innerhalb der Krankenversicherung. Dominiert wird dieser Teil von den in der politischen Debatte im Mittelpunkt stehenden Konzepten der „Bürgerversicherung" und der „Gesundheitsprämie". Als Alternative dazu wird das „Privatmodell" vorgestellt und für einen internationalen Systemvergleich das kürzlich reformierte, niederländische Gesundheitswesen abgebildet. Anhand eines Zwischenfazits werden die bisherigen Erkenntnisse gegenübergestellt und bewertet.

Danach erfolgt eine gleichartige Darstellung und Beurteilung wesentlicher Vorschläge zur Reformierung der Pflegeversicherung. Hierbei wird eine Abgrenzung nach umlagefinanzierten, teilkapitalisierten und voll kapitalgedeckten Optionen vorgenommen. Ein weiteres Zwischenfazit umschließt danach die Diskussionsergebnisse aus den Ausführungen zur Pflegeversicherung.

Abschließend wird anhand einer Schlussfolgerung das jeweils herausgearbeitete Konzept mit den potentiell größten Erfolgsaussichten bei der Behebung der Problemfelder vertieft und dessen Umsetzbarkeit im politischen und gesellschaftlichen Spannungsfeld beurteilt.

2 Systemstrukturen im Status quo

2.1 Krankenversicherung

In der deutschen Krankenversicherungslandschaft existieren im Wesentlichen zwei differenzierte Finanzierungssysteme: die gesetzliche und die private Krankenversicherung. Einen geringen Anteil haben auch besondere Kostenträger wie die freie Heilfürsorge der Polizei bzw. Bundeswehr oder Sozialhilfeträger.

Die gesetzliche Krankenversicherung (GKV) in Form der gesetzlichen Krankenkassen umfasst derzeit einen Bevölkerungsanteil von rund 90 % bzw. 70,5 Mio. Personen. Die private Krankenversicherung (PKV) verfügt über einen Versichertenkreis von 8,5 Mio., die besonderen Kostenträger außerhalb der GKV über rund 3,1 Mio. Personen. Ungefähr 200.000 Bürger besitzen keinen Versicherungsschutz (Stand: Jahr 2006). Die Anlage 1 verdeutlicht diese Struktur des Versicherungssystems anhand eines Gesamtüberblicks über die Krankenversicherungslandschaft.

Die GKV-Versicherer fungieren als Körperschaften des öffentlichen Rechts mit Selbstverwaltung (§ 4 SGB V), deren vom Gesetzgeber zugewiesene Aufgabe es generell ist, die Gesundheit der Versicherten zu erhalten, wiederherzustellen oder ihren Gesundheitszustand zu verbessern. In diesem Zusammenhang haben sie den Versicherten die notwendigen und gesetzlich vorgeschriebenen Leistungen, überwiegend in Form von Sach- und Dienstleistungen (Naturalleistungen), zur Verfügung zu stellen.[1]

Der Leistungsanspruch kann durch den Versicherten nur bei vertragsärztlich zugelassenen Leistungserbringern eingelöst werden. Für diese Gesundheitsleistungen müssen die Versicherten entsprechend des so genannten Sachleistungsprinzips in der GKV nicht in finan-

---

[1]. Vgl. Gesundheitspolitik: Die gesetzliche Krankenversicherung, in: http://www.gesundheitspolitik.net/01_gesundheitssystem/krankenversicherung/gkv/ KBVfobi02-GKV0006.pdf, S. 30, 18.10.2007.

zielle Vorleistung treten.[2] Erbrachte Leistungen werden hierbei vom Leistungserbringer mit der Krankenkasse abgerechnet. Der behandelnde Arzt seinerseits gibt den Leistungsanspruch nach Dokumentation der von ihm erbrachten Einzelleistungen an die Kassenärztliche Vereinigung weiter, die dann eine Abrechnung mit dem jeweiligen GKV-Träger vornimmt.[3] Bestimmt wird der Leistungskatalog der GKV über Kapitel 3 des SGB V.

Die Aufgaben der GKV werden von ihren Mitgliedern gemeinsam erfüllt. Sie bilden eine Solidargemeinschaft, in der die einzelnen Mitglieder unter Berücksichtigung der Einkommenshöhe Beiträge leisten; unabhängig vom Gesundheitszustand, Alter, Geschlecht oder Familienstand der einzelnen Versicherten.[4]

Innerhalb der GKV besteht seit dem Gesundheitsstrukturgesetz vom 01. Januar 1996 das Recht auf freie Krankenkassenwahl.[5] Danach kann der Versicherungspflichtige (§ 5 SGB V) oder der Versicherungsberechtigte (§ 9 SGB V) zwischen so genannten Primär- und Ersatzkassen wählen. Zu den frei wählbaren Primärkassen zählen:[6]

- Allgemeine Ortskrankenkassen (AOK`s) des Beschäftigungs- oder Wohnortes.
- Betriebs- (BKK`s) oder Innungskrankenkassen (IKK`s), wenn in der Satzung festgelegt ist, dass nicht nur Betriebs- oder Innungsangehörige beitreten können.
- die Krankenkasse, bei der der Ehegatte versichert ist.

Zusätzlich hierzu existieren noch Landwirtschaftliche Krankenkassen, die Bundesknappschaft und die Seekasse, in denen jedoch, anders als bei den BKK´s und IKK´s, das System der festgeschriebenen Mitgliedschaft beibehalten wurde. Damit ist die Beschränkung der Versichertenverhältnisse auf die entsprechenden Kernmitglieder gemeint.[7] Insgesamt verfügten die Primärkassen im Jahr 2006 über 46,9 Mio. Versicherte. Eine Ersatzkasse kann gewählt werden, wenn diese für den Beschäftigungs- oder Wohnort lt. Satzung zuständig

---

2.   Vgl. Bundeszentrale für politische Bildung: Sachleistungsprinzip, in: http://www.bpb.de/sosi/popup/lexikon.php?id=49, 18.10.2007.

3   Vgl. Oberender, P. ; Hebborn, A. ; Zerth, J.: Wachstumsmarkt Gesundheit, Stuttgart 2002, S. 37.

4.   Vgl. Gesundheitspolitik, a. a. O., S. 31.

5.   Vgl. Krankenkassentarife: Gesetzliche Krankenkassen - Grundlagen, in: http://www.krankenkassentarife.de/krankenkassen_grundlagen.htm , 18.10.2007.

6   Vgl. Gesundheitspolitik, a. a. O., S. 33.

7   Vgl. Busse, R. ; Riesberg, A.: Gesundheitssysteme im Wandel: Deutschland, Berlin 2005, S. 74.

ist. Ersatzkassen hatten im Jahr 2006 ein Versichertenvolumen von rund 23,6 Mio. Personen.

An die entsprechende Kasse ist man für mindestens 18 Monate gebunden; kann anschließend aber mit einer Kündigungsfrist von drei Monaten zum Monatsende einen anderen Versicherer wählen. Erfolgt eine Beitragssatzerhöhung entfällt die Kündigungsfrist.[8] Die Anzahl der Kassen ist in der Vergangenheit, vor allem in Folge von Fusionen, kontinuierlich gesunken. Lag die Kassenzahl 1991 noch bei 1146[9], so umfasste sie im Jahre 2006 nur noch 251 (vgl. Anlage 1).

Innerhalb der Versichertengemeinschaft der GKV unterscheidet man zwischen freiwilligen und Pflichtmitgliedern sowie mitversicherten Familienangehörigen.[10] Pflichtmitglieder sind Arbeitnehmer und Angestellte, deren Jahreseinkommen einen bestimmten Bruttobetrag nicht übersteigt. Diese so genannte Versicherungspflichtgrenze liegt im Jahr 2007 bei 47.700 Euro.[11] Darüber hinaus unterliegen weitere, nicht erwerbstätige Bevölkerungsgruppen der Versicherungspflicht, u. a. Rentner, Studenten und Arbeitslose. Rentner sind, ausgenommen Privatversicherte, in der Krankenversicherung der Rentner (KVdR) versichert, an der als Träger die Krankenkassen aller Kassenarten mitwirken. Die Beiträge werden in der Regel zu gleichen Teilen vom Versicherten und vom Träger der Rentenversicherung gezahlt. Studenten sind bis zum 30. Lebensjahr oder bis zum 14. Fachsemester zu einem günstigeren Tarif gesetzlich versichert, haben jedoch auch die Möglichkeit, der PKV beizutreten.[12] Die GKV-Beiträge für Arbeitslose übernimmt die Bundesagentur für Arbeit.

Personen, deren regelmäßiges Jahresbruttoentgelt die Pflichtgrenze übersteigt sowie Landwirte, Künstler und andere Selbstständige haben die Möglichkeit, nach dem Aus-

---

[8.] Vgl. Dewion: Wechsel der Krankenkasse, in: http://www.dewion.de/krankenversicherung/gesetzliche-krankenkassen/ gesetzliche-krankenkasse-ww.shtml, 21.10.2007.

[9.] Vgl. BKK: Entwicklung der Kassenzahl, in: http://www.bkk.de/ ps/tools/download.php?file=/bkk/pressemitteilungen/psfile/downloaddatei/42/PM_05_02_041ff7e cd5e5a2.pdf&name=%DCbersicht%20der%20Anzahl%20der%20Krankenkassenanzahl%20nach %20Kassenarten&id=176&nodeid=15, 21.10.2007.

[10.] Vgl. Wachstumsmarkt Gesundheit, a. a. O, S. 30.

[11.] Vgl. BKK: Neuregelung zur Versicherungsfreiheit, in: http://www.ikk.de/ikk/generator/ikk/fuer-arbeitgeber/aktuelles/79754,i=l.html, 25.10.2007.

[12.] Vgl. Comfortplan: Wer kann eine private Krankenversicherung abschließen?, in: http://www.comfortplan.de/krankenversicherung/krankenversicherung_privat.html, 25.10.2007.

scheiden aus der Versicherungspflicht freiwillig versichert zu bleiben. Sie können aber auch der PKV beitreten oder ohne Versicherungsschutz bleiben. Beitragsfrei in der GKV mitversichert sind, unter bestimmten Voraussetzungen, automatisch der Ehegatte und die Kinder von pflichtgemäß oder freiwillig Versicherten.[13] Beamte bzw. Angestellte im öffentlichen Dienst mit Beihilfeanspruch können sich ebenfalls privat versichern. Die PKV ist für sie eine sinnvolle Ergänzung, da Beamte über das Beihilfesystem nur einen so genannten prozentualen Kostenzuschuss zu Ihren Krankheitskosten erhalten. Alternativ dazu können Beamte auch freiwillig der GKV beitreten, müssen dort aber den vollen Beitrag aus ihrem Bruttogehalt zahlen.[14]

Die Beiträge zur GKV richten sich nach der Höhe des Verdienstes aus Erwerbstätigkeit oder der Leistungen der Renten- und Arbeitslosenversicherung. Sie steigen proportional mit dem Einkommen bis zu einer Obergrenze.[15] Diese so genannte Beitragsbemessungsgrenze beträgt im Jahr 2007 42.750 Euro pro Jahr.[16]

Von 1955 bis 2004 wurden die Krankenversicherungsbeiträge zu gleichen Teilen (paritätisch) von Arbeitnehmern und Arbeitgebern gezahlt. Diese Beitragsparität wurde ab Juli 2005 zu Lasten der Arbeitnehmer verschoben, indem ein Sonderbeitrag in Höhe von 0.9 % ohne Beteiligung der Arbeitgeber erhoben wurde.[17] Die einbezahlten Beiträge werden von der GKV im Rahmen des Umlageverfahrens unmittelbar zur Finanzierung der erbrachten Leistungen verwendet.

Um alle gesetzlichen Krankenkassen in eine vergleichbare, wettbewerbliche Ausgangsposition zu versetzen, wurde 1994 ein Risikostrukturausgleich (RSA) eingeführt, der zu einem Ausgleich der Ausgabenunterschiede zwischen den Kassen aufgrund von unterschiedlichen Risikostrukturen ihrer Versicherten führen sollte. Er berücksichtigt bedarfsbedingte Ausgabenunterschiede bezogen auf Alter, Geschlecht und Erwerbsfähigkeit sowie einkommensbedingte Differenzen im Beitragsaufkommen. Diese Umverteilung erfolgt über

---

[13.] Vgl. Gesundheitspolitik, a. a. O., S. 36.
[14.] Vgl. Comfortplan, a. a. O., 25.10.2007.
[15.] Vgl. Gesundheitssysteme im Wandel, a. a. O., S. 71.
[16.] Vgl. Beitragsbemessungsgrenze: Beitragsbemessungsgrenze 2007, in: http://www.beitragsbemessungsgrenze.com, 21.10.2007.
[17.] Vgl. Gesundheitssysteme im Wandel, a. a. O., S. 72.

einen fiktiven Pool, der mit den Beitragszahlungen gefüllt und anhand des für jede Kasse ermittelten Finanzbedarfs ausgeschüttet wird.[18]

Die Konstruktionsprinzipien der PKV unterscheiden sich stark von denen der GKV. Die PKV verfolgt als Finanzierungsverfahren das so genannte Äquivalenzprinzip. Hierbei richtet sich die Prämie, die der Versicherte entrichten muss, nach dem durch die PKV mit Abschluss des individuellen Versicherungsvertrages übernommenen Risikos. Die Versicherten werden bei Vertragsabschluss in untereinander abgegrenzte Versichertengruppen aufgenommen, die jeweils autonom einen Risikoausgleich herbeiführen sollen. Diese Gruppen verfügen über ein gewisses Maß an Homogenität hinsichtlich des Alters.[19]

Um höhere Beiträge innerhalb dieser Gruppen infolge von steigendem Alter und damit verbundener, erhöhter Morbidität zu verhindern, bedient sich die PKV des Kapitaldeckungsverfahrens. Voraussetzung für die Umsetzung ist die Bildung von Altersrückstellungen, um die Versichertenprämie langfristig konstant zu halten. In jungen Jahren wird die Rückstellung aufgebaut indem der Versicherte eine über seinen Risikoanteil liegende Prämie zahlt, später wird sie dann dafür eingesetzt, um dem Versicherten eine unter seinem Risikoanteil liegende Prämie zu gewähren. Die Anwendung des Äquivalenzprinzips hat zur Folge, dass es in der PKV keine kostenfreie Mitversicherung von Familienangehörigen gibt. Ebenfalls abweichend vom GKV-System herrscht in der PKV bei der Leistungsabrechnung das Kostenerstattungsprinzip. Der Versicherte tritt in finanzielle Vorleistung bei dem jeweiligen Leistungserbringer, welche anschließend, je nach Art des Versicherungsvertrages, vom PKV-Träger vollständig oder teilweise erstattet wird.[20]

Ein weiteres Geschäftsfeld der PKV besteht im Angebot von Krankheitskostenteilversicherungen oder Zusatzversicherungen. Diese zusätzlichen Versicherungen werden besonders häufig von Versicherten der GKV abgeschlossen. Auch bei den privaten Krankheitskostenvollversicherungen existieren im Gegensatz zur GKV keine Einheitstarife. Es besteht

---

18.   Vgl. Gesundheitssysteme im Wandel, a. a. O., S. 75.
19.   Vgl. Wachstumsmarkt Gesundheit, a. a. O., S. 33.
20.   Vgl. Wachstumsmarkt Gesundheit, a. a. O., S. 34.

die Möglichkeit, aus einer Vielfalt von Tarifen mit unterschiedlichem Leistungsumfang und verschiedenen Formen der Selbstbeteiligung auszuwählen.[21]

2.1.1 Problemfelder

Wesentliche Ursache für die Nachhaltigkeitsrisiken der Krankenversicherung ist die Schere zwischen Einnahmen und Ausgaben, die sich strukturell bedingt, mittel- und langfristig stetig öffnet und somit in erster Linie die GKV mit gravierenden Finanzierungsunsicherheiten belastet. Die durchschnittlichen Beitragssätze der GKV sind von 1980 bis 2003 von 11,4 % auf 14,3 % gestiegen. Für das Jahr 2007 wird das Finanzierungsdefizit der GKV nach Einschätzung der GKV-Spitzenverbände rund 7 Mrd. Euro betragen.[22] Durch die in diesem Zusammenhang notwendig gewordenen Beitragssatzerhöhungen zum 01. Januar 2007 stieg der durchschnittliche Beitragssatz um 0,56 % von 14,26 % auf 14,82 % an. Prognosen der Krankenkassen gehen bis 2009 von einer weiteren Erhöhung auf 15,3 % aus.[23]

Als Hauptursache für steigende Beitragssätze zur GKV galt lange Zeit vor allem die so genannte "Kostenexplosion im Gesundheitswesen". Die überwiegende Mehrheit der Maßnahmen zurückliegender Gesundheitsreformen zielte daher auf die Eindämmung der Kosten der Gesundheitsversorgung ab. Der begrenzte Erfolg dieser Bemühungen wurde vor allem der besonderen Dynamik des Gesundheitssektors zugeschrieben. Bei aller nachvollziehbaren Konzentration der Reformbemühungen auf die Ausgaben der GKV wurde lange übersehen, dass sich seit Beginn der 1980er Jahre auch eine wachsende Einnahmeschwäche herausgebildet hat.[24]

[21.] Vgl. Wachstumsmarkt Gesundheit, a. a. O., S. 34.

[22] Vgl. Die Gesetzlichen Krankenkassen: Gemeinsame Stellungnahme, in: http://www.g-k-v.com/gkv/fileadmin/user_upload/Positionen/stellungnahme_20061106.pdf, S. 2, 05.11.2007.

[23] Vgl. Arbeitsgemeinschaft Finanzen: Durchschnittlicher GKV-Krankenkassenbeitrag steigt, in: http://www.arbeitsgemeinschaft-finanzen.de/weblog/20070114/durchschnittlicher-gkv-krankenkassenbeitrag-steigt, 05.11.2007.

[24] Vgl. Bundeszentrale für politische Bildung: Die zentralen Problemfelder im Überblick, in: http://www.bpb.de/popup/popup_druckversion_sosi.html?guid=WZDR7I&sosi_guid=AAA232&sosi_lt=AAA397#AAA477, 05.11.2007.

2.1.1.1 Einnahmeproblem

Rund 98 % der Einnahmen der GKV entfallen auf die paritätische Finanzierung in Form von Arbeitgeber- und Arbeitnehmerbeiträgen. Damit ist die Basis der Haupteinnahmequelle das Arbeitseinkommen aus unselbstständiger Arbeit. Das Arbeitseinkommen ist wiederum konjunkturellen und strukturellen Schwankungen des Arbeitsmarktes unterworfen.

Diese Finanzierungsbasis leidet seit Beginn der 1980er Jahre an einer Wachstumsschwäche. Das Ausmaß dieser Schwäche lässt sich an einer Modellrechnung des „Sachverständigenrates für die Konzentrierte Aktion im Gesundheitswesen" ablesen: Die beitragspflichtigen Einnahmen je Mitglied blieben in den alten Bundesländern im Zeitraum von 1980 bis 2000 um 30,9 % hinter dem Wachstum des Bruttoinlandsprodukts (BIP) zurück (vgl. Abbildung 2.1). Wird lt. Sachverständigenrat einer fiktiven Berechnung zu Grunde gelegt, dass die Einnahmeentwicklung mit der Entwicklung des BIP Schritt gehalten hätte, wären im Jahr 2000 die gegebenen Ausgaben mit einem Beitragssatz von 11,6 % gedeckt gewesen. Dieser fiktive Beitragssatz weicht in dieser Größenordnung nur unwesentlich von den tatsächlichen Beitragssätzen der Jahre 1980 bis 1984 ab.[25]

Abb. 2.1: Wachstumsvergleich: Beitragspflichtige Einnahmen und BIP1980 bis 2000

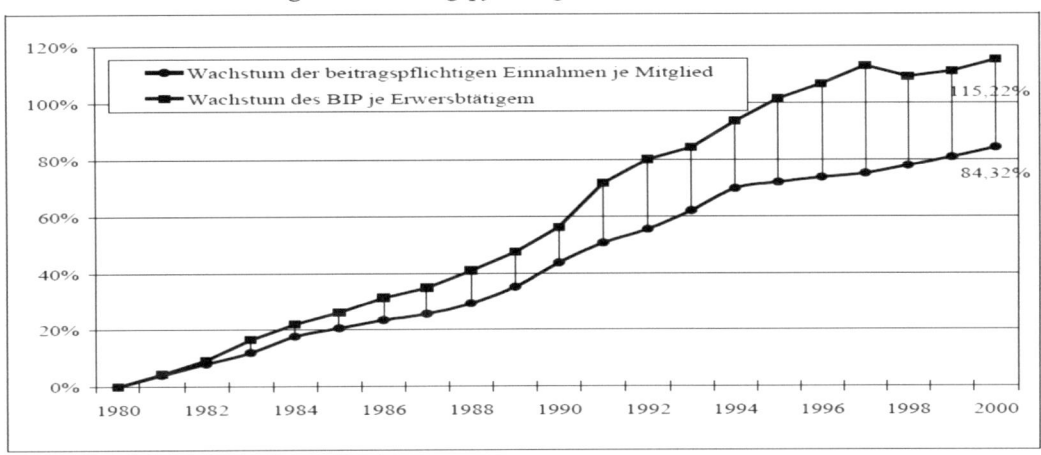

Quelle: Sachverständigenrat für die Konzentrierte Aktion im Gesundheitswesen: Finanzierung - Nutzenorientierung, in: http://www.svr-gesundheit.de/Gutachten/Gutacht03/kurzf-de03.pdf, S. 18, 03.11.2007.

---

[25] Vgl. Sachverständigenrat für die Konzentrierte Aktion im Gesundheitswesen: Finanzierung - Nutzerorientierung, in: http://www.svr-gesundheit.de/Gutachten/Gutacht03/kurzf-de03.pdf, S. 18, 03.11.2007.

Gründe für die Wachstumsschwäche sind in erster Linie die unterproportionale Entwicklung der Lohn- und Gehaltssteigerungen und die in diesem Zeitraum kontinuierlich gewachsenen Arbeitslosenzahlen. 1995 wurde die Bemessungsgrundlage für den GKV-Beitrag für Arbeitslose, der von der Bundesagentur für Arbeit getragen wird, von 100 % auf 80 % des letzten Bruttogehalts gesenkt.[26] Besonders in der Zeit des konjunkturellen Abschwungs nach 2001 und dem Anwachsen der Arbeitslosenzahlen im Februar 2005 auf den Höchststand von 5,2 Mio.[27] hatte diese Absenkung starke negative Auswirkungen auf die GKV-Finanzierungsbasis.

Die steigende Beschäftigtenzahl innerhalb der letzten zwei Jahre und die höheren Tarifabschlüsse im Jahr 2007 haben zu einer verbesserten Finanzierungssituation geführt. Diese Entwicklung beseitigt jedoch nicht die dauerhafte Unsicherheit durch Beschäftigungsschwankungen, auch vor dem Hintergrund, dass sich in der Arbeitswelt ein Wandel hin zu Arbeitsverhältnissen ohne oder mit verminderten, versicherungspflichtigen Einkünften vollzieht.[28]

Die Segmentierung des Krankenversicherungsmarkts in GKV und PKV untergräbt die Finanzierungsgrundlage zusätzlich, da „gute Risiken" aus dem gesetzlichen System austreten können.[29] Durch die Versicherungswahlfreiheit oberhalb der Versicherungspflichtgrenze wandern jährlich rund 200.000[30] gut verdienende, in der Regel gesunde und junge Versicherte zur PKV ab, wodurch ein jährlicher Finanzkraftverlust von 0,7 bis 0,9 Mrd. Euro entsteht.[31]

---

[26] Vgl. Ärztliche Praxis: Voller Kassenbeitrag für Arbeitslose, in:
http://www.aerztlichepraxis.de/artikel_politik_aktuell_aok_1187948676.htm, 03.11.2007.

[27] Vgl. Tagesschau: Was haben die Arbeitslosen vom Aufschwung?, in:
http://www.tagesschau.de/wirtschaft/aufschwung2.html, 03.11.2007.

[28] Vgl. Bundeszentrale für politische Bildung: Die Einnahmeschwäche der GKV, in:
http://www.bpb.de/themen/WZDR7I,0,Gesundheitspolitik_Lernobjekt.html?lt=AAA397&guid=A
AA327, 05.11.2007.

[29] Vgl. Hans-Böckler-Stiftung: Finanzierungsalternativen für die GKV, in:
http://boeckler.de/pdf/pk_inifes_10_02_2006.pdf, S. 1, 03.11.2007.

[30] Nettowanderungssaldo zwischen GKV und PKV.

[31] Vgl. Vereinte Dienstleistungsgewerkschaft: Solidarität und Qualität stärken, in:
http://gesundheitspolitik.verdi.de/finanzierung/reform_2006/gesundheitsreform_2006/data/Solidar
it%C3%A4t%20+%20Qualit%C3%A4t , S. 4, 05.11.2007.

Auch der, infolge der demografischen Entwicklung, zunehmende Anteil an Rentnern wird die Einnahmen zukünftig negativ beeinflussen. Rentner verfügen in der Regel über ein niedrigeres beitragspflichtiges Einkommen als erwerbstätige GKV-Mitglieder und somit wird die Beitragsbemessungsbasis insgesamt langfristig weiter abnehmen.[32]

Beitragserhöhungen können die GKV nur kurzfristig entlasten. Solange die skizzierte Finanzierungsstruktur besteht, können sie das Einnahmeproblem der GKV nicht nachhaltig lösen. Vielmehr besteht die Gefahr einer weiteren Abwärtsspirale, denn durch die Erhöhung der Beiträge sinkt durch die Lohnkostenerhöhung die Erwerbsquote, was zu Einnahmeausfällen bei den Krankenkassen führt. Da diese ihre Ausgaben zumeist nicht im selben Umfang reduzieren können, sind weitere Beitragserhöhungen notwendig, was wiederum zu einem weiteren Anstieg der Arbeitslosigkeit führen kann.[33]

So kommt der angesprochene Sachverständigenrat für die Konzentrierte Aktion im Gesundheitswesen in seiner abschließenden Einschätzung zu folgendem Statement:

> „Trotz noch vorhandener beachtlicher Rationalisierungspotenziale dürften [...] die Beitragseinnahmen der GKV bei Wahrung der Beitragssatzstabilität ohne Reformmaßnahmen kaum ausreichen, um künftig auch nur bescheidene ausgabenseitige Herausforderungen zu bewältigen."[34]

2.1.1.2 Ausgabenproblem

Bereits seit Anfang der 1970er Jahre nehmen die Kosten des deutschen Gesundheitssystems dramatisch zu. Allein die Ausgaben der gesetzlichen Krankenkassen haben sich in den beiden vergangenen Jahrzehnten mehr als verdoppelt. In Deutschland beliefen sich lt. einer Studie der Organisation für wirtschaftliche Zusammenarbeit und Entwicklung (OECD) die Gesamtausgaben für Gesundheit im Jahr 2005 auf 10,7 % des BIP´s und

---

[32] Vgl. Bundeszentrale für politische Bildung, a. a. O.

[33] Vgl. Erdmann, Y.: Reformzwänge und Reformoptionen im deutschen Gesundheitswesen, in: http://www.yeconsult.de/texte/gesundheitsreform.pdf, S. 9, 05.11.2007.

[34] Sachverständigenrat für die Konzentrierte Aktion im Gesundheitswesen: Finanzierung - Nutzerorientierung, a. a. O., S. 20.

lagen damit im internationalen Vergleich um 1,7 Prozentpunkte über dem Durchschnitt der OECD-Länder von 9,0 %. Nur die Vereinigten Staaten (15,3 %), die Schweiz (11,6 %) und Frankreich (11,1 %) hatten im gleichen Jahr einen höheren Anteil der Gesundheitsausgaben an der gesamten Wirtschaftsleistung.[35]

Die jährlichen Gesundheitsausgaben in Deutschland betrugen 1996 pro Einwohner noch 2.380 Euro, nur neun Jahre später bereits 2.900 Euro (vgl. Abbildung 2.2). Damit stiegen die Pro-Kopf-Ausgaben allein in diesem Zeitraum um über ein Fünftel.

Abb.2.2: Entwicklung der jährlichen Gesundheitsausgaben pro Kopf 1996 bis 2005

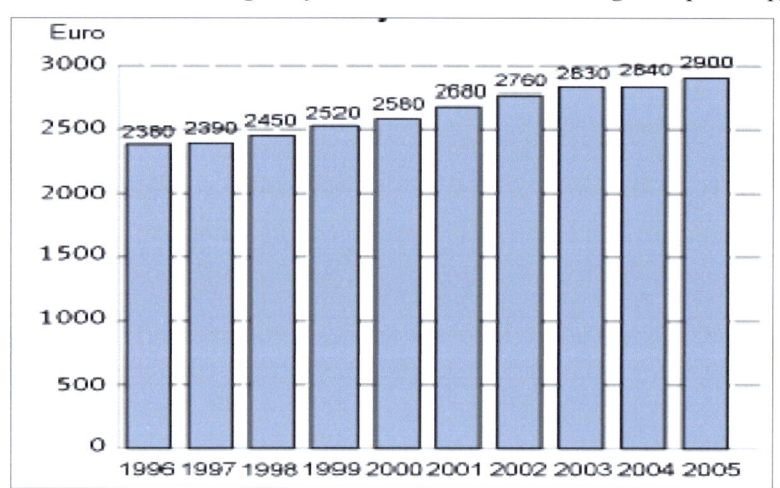

Quelle: Statistisches Bundesamt Deutschland: Entwicklung der Gesundheitsausgaben 1996 bis 2005, in http://www.destatis.de/jetspeed/portal/cms/Sites/destatis/Internet/DE/Grafiken/Gesundheit/Diagramme/Einwohner,templateId=renderPrint.psml, 22.12.2007.

Der größte Kostenblock der Gesundheitsausgaben entsteht durch die Krankenhausbehandlung. Vor gut 30 Jahren beanspruchte sie nicht einmal ein Viertel des GKV-Budgets, heute liegt dieser Anteil bei einem Drittel. Damit ist der Trend zur Krankenhausmedizin einer der wesentlichen Gründe für die Ausgabensteigerungen.[36] Auch die Arzneimittelausgaben sind stark angewachsen. Im GKV-System stiegen die jährlichen Pro-Kopf-Ausgaben von

---

[35] Vgl. OECD: Gesundheitsdaten Deutschland 2007, in: http://www.oecd.org/dataoecd/46/1/39013139.pdf, S. 1, 01.11.2007.
[36] Vgl. Pimpertz, J.: Den Kollaps vermeiden – eine Therapie für das deutsche Gesundheitswesen, Köln 2005, S. 11.

344 Euro im Jahr 1996 auf 503 Euro im Jahr 2005.[37] Durch die Mehrwertsteuererhöhung zum 01. Januar 2007 um 3 % auf nunmehr 19 % werden nach Prognose der GKV-Spitzenverbände mit weiteren Mehrkosten bei Arznei- und Hilfsmitteln sowie Fahrkosten in Höhe von knapp einer Milliarde Euro gerechnet.[38]

Das langfristig bedrohlichste Problem der Ausgabenseite liegt in der bereits angesprochenen demografischen Entwicklung. Die Geburtenzahlen sind stetig gesunken, während Lebenserwartung und Rentneranteil weiter steigen. Damit gerät das Verhältnis von Erwerbstätigen zu Ruheständlern zunehmend aus der Balance.[39] Dies hat auf die Finanzierungskraft neben den erwähnten negativen Auswirkungen auf die Einnahmen ebenso negative Folgen auf die Ausgabenentwicklung. Die Leistungsausgaben steigen typischerweise mit dem Alter an und erreichen in den letzten Lebensjahren ihren Höhepunkt. Mit dem wachsenden Anteil älterer Mitglieder steigt somit auch das gesamte Schadensvolumen der Versicherungsträger an.[40] Die KVdR gab 2006 mit 3.768 Euro je Versicherten bereits dreimal so viel aus wie die allgemeine Krankenversicherung der Erwerbstätigen.[41]

Die Frage der Auswirkung der Alterung auf die Gesundheitsausgaben ist dennoch in der Gesundheitsökonomie umstritten. Als empirischer Beleg für die ausgabensteigernde Wirkung der Alterung ist in Anlage 2 eine Abbildung über die standardisierten Leistungsausgaben der GKV nach Alter und Geschlecht aufgeführt, die als Grundlage für RSA-Zahlungen dienen. Die Werte belegen einen stark überproportionalen, durchschnittlichen Leistungskonsum der älteren gegenüber der jüngeren Generation.

---

[37]   Vgl. Bundesministerium für Gesundheit : Kennzahlen und Faustformeln, in:
        http://www.bmg.bund.de/cln_040/nn_601096/SharedDocs/Download/DE/Datenbanken-
        Statistiken/Statistiken-Gesundheit/Gesetzliche-Krankenversicherung/Kennzahlen-und-
        Faustformeln/Kennzahlen-und-Faustformeln,templateId=raw,property=publicationFile.pdf/
        Kennzahlen-und-Faustformeln.pdf, S.1, 22.12.2007.

[38]   Vgl. Rhein-Main-Finanzen: Steigen die GKV-Beiträge auf über 15 Prozent?, in:
        http://www.rhein-main-finanzen.de/blog/weblog/
        steigen_die_gkv_beitraege_auf_ueber_15_prozent.html, 05.11.2007.

[39]   Vgl. Pimpertz, J., a. a. O., S. 15.

[40]   Vgl. Pimpertz, J.: Solidarische Finanzierung der gesetzlichen Krankenversicherung – vom lohn-
        bezogenen Beitrag zur risikounabhängigen Versicherungsprämie, Köln 2003, S. 18.

[41]   Vgl. Pimpertz, J.: GKV – Mehr Wirtschaftlichkeit tut Not, in: http://www.presseportal.de/pm/
        51902/989819/institut_der_deutschen_wirtschaft_koeln_iw_koeln/, 05.11.2007.

Auch der technische Fortschritt innerhalb der Gesundheitsversorgung hat Ausgabensteigerungen zur Folge. Dazu gibt es allerdings auch eine Gegenposition, die unterstellt, dass die
Kostendynamik in diesem Zusammenhang nicht so gravierend ausfällt, da sich zahlreiche
Innovationen in der Vergangenheit finden lassen, die sogar zu Kostenverringerungen bei-
trugen. Die dämpfende Wirkung besitzt durchaus ihre Berechtigung, dürfte aber überkom-
pensiert werden von der sich gegenseitig verstärkenden Wirkung zwischen technischen
Fortschritt und demografischer Entwicklung.[42] Der medizinisch-technische Fortschritt be-
günstigt die Alterung der Bevölkerung, was höhere Gesundheitsausgaben nach sich ziehen
dürfte, aus denen wiederum der medizinisch-technische Fortschritt heraus gefördert wird.
Ein theoretischer Grund für den Nachteil des medizinisch-technischen Fortschritts im Vergleich zum allgemeinen technischen Fortschritts liegt darin, dass aus den Strukturen der
GKV und PKV ökonomische Anreize zur übermäßigen Produktion von kostenverursa-
chenden im Vergleich zu kostensparenden Innovationen resultieren, woraus folgt, dass sich
der medizinisch-technische Fortschritt in der Regel auch nicht durch seine eigenen Effi-
zienzsteigerungen finanzieren kann.[43]

Eine politisch geschaffene Belastung der GKV liegt in der Kostenübernahme von so genannten versicherungsfremden Leistungen. Die finanzielle Belastung liegt hierdurch nach
Einschätzung von Prof. Dr. Fritz Beske, Direktor des Instituts für Gesundheits-System-
Forschung Kiel, bei insgesamt 10 Mrd. Euro pro Jahr. Zu den versicherungsfremden Leistungen zählen solche, die in erster Linie im allgemeinen Interesse des Staates liegen und
aus der Finanzierung durch den Staatshaushalt oder anderer Sozialversicherungszweige in
die GKV verlagert wurden. Hierzu zählen u. a. das Sterbegeld, Kuren oder die hauswirt-
schaftliche Versorgung.[44] Der für das Jahr 2007 vorgesehene Bundeszuschuss für versiche-

---

[42]   Vgl. Universität Bayreuth: Demografische Effekte auf Ausgaben und Beitragssatz der GKV, in:
         http://www.uni-bayreuth.de/departments/rw/lehrstuehle/vwl3/Workingpapers/WP_09-03.pdf, S.
         14f., 07.11.2007.
[43]   Vgl. Henke, K.-D. ; Reimers, L.: Zum Einfluss von Demografie und medizinisch-technischen
         Fortschritt auf die Gesundheitsausgaben, in: http://www.ww.tu-berlin.de/diskussionspapiere/
         2006/dp08-2006.pdf, S. 13, 05.11.2007.
[44]   Vgl. Bundesinnung der Hörgeräteakustiker: Verschiebebahnhof und versicherungsfremde Leis-
         tungen belasten die GKV, in: http://www.biha.de/
         modules.php?op=modload&name=News&file=article&sid=130, 05.11.2007.

rungsfremde Leistungen in Höhe von 2,5 Mrd. Euro[45] reicht bei weitem nicht zur Deckung dieser Kosten aus.

Ein weiteres Problem liegt in der Mentalität der Versicherten in Folge der mangelnden Eigenverantwortung. Auch nach der Ausweitung der Selbstbeteiligung durch das „GKV-Modernisierungsgesetz" weist Deutschland im internationalen Vergleich in dieser Hinsicht immer noch ein unterdurchschnittliches Niveau auf. Die geringe Selbstbeteiligung an den verursachten Behandlungskosten fördert eine so genannte „Vollkaskomentalität", die von einem maximalen Konsum medizinischer Leistungen zu Lasten der Solidargemeinschaft gekennzeichnet ist. Mangelndes Kostenbewusstsein und mangelnde Kostentransparenz durch das Sachleistungsprinzip fördern diese Einstellung zusätzlich. Ein Großteil der Krankheitskosten ist verhaltensbedingt (z. B. durch falsche Ernährung oder Bewegungsmangel), die durch ein höheres Maß an Selbstbeteiligung und dem wahrscheinlich damit verbundenem gesundheitsbewussterem Verhalten vermeidbar wären.[46]

2.1.2 Gesundheitsreform 2007

Nach einem monatelangen Verhandlungsmarathon auf Bundes- und Landespolitikebene billigte im Februar 2007 der Bundesrat den Entwurf zur neuen Gesundheitsreform. Das umstrittene und mehr als 500 Seiten starke Gesetzespaket mit dem Titel „Gesetz zur Stärkung des Wettbewerbs in der gesetzlichen Krankenversicherung" (GKV-WSG) nahm somit die letzte parlamentarische Hürde und trat im Wesentlichen zum 1. April 2007 in Kraft.[47]

---

[45] Vgl. Bundesministerium für Gesundheit: Steuerzuschüsse, in: http://www.die-gesundheitsreform.de/glossar/steuerzuschuesse.html, 05.11.2007.

[46] Vgl. Bundesvereinigung der Deutschen Arbeitgeberverbände: Konzept für eine nachhaltige Reform der gesetzlichen Krankenversicherung, in http://www.bda-online.de/ www/bdaonline.nsf/id/694A81F255EAE7ECC12570F4002AC987/$file/Gesundheitspraemienmodell.pdf, S. 5f., 10.11.2007.

[47] Vgl. Focus: Bundesrat billigt Gesundheitsreform, in: http://www.focus.de/politik/deutschland/ beschluss_aid_124769.html, 26.10.2007.

Da sich die beiden konträren Reformmodelle der Regierungsparteien Christliche Demokratische Union Deutschlands (CDU) und Sozialdemokratische Partei Deutschlands (SPD) nahezu unversöhnlich gegenüber standen, wurde mit der erfolgten Einigung ein Kompromiss zur Reformierung gefunden, mit deren Maßnahmen die Strukturen des deutschen Gesundheitswesens modernisiert und neu geordnet werden sollen.

Das GKV-WSG verfolgt vier wesentliche Ziele:[48]

- Einführung eines Versicherungsschutzes für alle.
- Verbesserung der medizinischen Versorgung.
- Modernisierung der GKV und PKV.
- Reform der Finanzierungsordnung.

Der flächendeckende Versicherungsschutz für die gesamte Bevölkerung soll den im vorigen Kapitel erwähnten Missstand beseitigen, dass vor dem Inkrafttreten der Reform rund 200.000 Personen ohne jeglichen Versicherungsschutz waren. In diesen Fällen besteht ein hohes finanzielles Risiko, das im Krankheitsfall die wirtschaftliche Existenz bedroht. Um diesem Szenario vorzubeugen bzw. entgegenzusteuern, sieht die neue Regelung eine Versicherungspflicht für alle Bürger vor. Ehemals gesetzlich Versicherte kehrten mit Wirkung zum 01. April 2007 in die GKV zurück. Zudem soll ab dem 01. Januar 2009 auch für ehemals privat Versicherte die Versicherungspflicht gelten.[49] Wer nicht über die notwendigen finanziellen Mittel zur Beitragszahlung verfügt, wird bei Nachweis der Bedürftigkeit mit der halben Versicherungsprämie aus Steuermitteln unterstützt.

Entgegen früherer Reformen soll das GKV-WSG den Leistungskatalog nicht einschränken, sondern die medizinische Versorgung verbessern und in bestimmten Bereichen sogar gezielt ausbauen. Empfohlene Impfungen und Eltern-Kind-Kuren wurden zusätzlich als Kassenleistung aufgenommen, Ältere und Pflegebedürftige erhielten einen Rechtsanspruch auf

---

[48.] Vgl. Bundesministerium für Gesundheit: Informationen zur Gesundheitsreform 2007, in: http://www.die-gesundheitsreform.de/gesundheitsreform/ ueberblick/pdf/20070326_gesundheitsreform_ppt.pdf , S. 3, 26.10.2007.

[49.] Ebd.., S. 5.

Rehabilitation.[50] Menschen innerhalb von Wohngemeinschaften oder anderer Wohnformen besitzen im Verhältnis zu anderen Privathaushalten einen nun gleichgestellten Anspruch auf häusliche Krankenpflege. Die ambulante Krankenhausbehandlung von Schwererkrankungen wie Aids oder Krebs soll vorangetrieben werden, um für diese Fälle eine professionelle Therapie und gleichzeitig eine häusliche Pflege zu ermöglichen. Die einzige Leistungseinschränkung des Gesetzes betrifft Behandlungskosten bei Komplikationen nach Tätowierungen oder Piercings, die nicht mehr von der GKV getragen werden.[51]

Für die Vertragsärzte wird zum 01. Januar 2009 eine neue Gebührenordnung mit festen Euro-Beträgen (Fallpauschalen) eingeführt, was die Planungssicherheit der Ärzte erhöhen soll. Damit wird die bisherige schematische Budgetierung beendet, und die Vergütung zusätzlicher, medizinisch notwendiger Arztleistungen durch die Krankenkassen sichergestellt. Darüber hinaus werden zusätzliche finanzielle Anreize für Ärzte geschaffen, sich in versorgungsschwachen Gebieten niederzulassen, um damit die Sicherstellung der flächendeckenden Versorgung zu verfestigen.[52]

Um die Arzneimittelversorgung wirtschaftlicher und gleichzeitig qualitativ konstant hochwertig zu gestalten, werden neue Medikamente nicht mehr nur auf ihren Nutzen sondern auch unabhängig auf ihre Kosten geprüft und bewertet. Der Gemeinsame Bundesausschuss (G-BA) kann das Institut für Qualität und Wirtschaftlichkeit im Gesundheitswesen (IQ-WiG) mit der Prüfung bestimmter Arzneimittel beauftragen, die Aufschluss darüber geben soll, ob das Mittel über einen therapierelevanten Zusatznutzen verfügt und welche Mehrkosten hierfür begründbar sind. Diese Kosten-Nutzen-Bewertung hat keine unmittelbare Wirkung auf das GKV-Leistungsrecht, kann aber als Grundlage für die Festsetzung von Höchstbeträgen oder für Beschlüsse zur Verordnungseinschränkung herangezogen wer-

---

[50.] Vgl. Finanztip: Gesundheitsreform 2007, in: http://www.finanztip.de/recht/ sozialrecht/gesundheitsreform.htm, 26.10.2007.

[51.] Vgl. Gerstenberg, M: Bildergalerie Gesundheitsreform, in: http://www.zeit.de/online/2007/06/ bildergalerie-gesundheitsreform?5, 27.10.2007.

[52.] Vgl. Sozialpolitik Aktuell: Zentrale Inhalte der Gesundheitsreform 2006, in: http://www.sozialpolitik-aktuell.de/docs/zentraleinhaltegesundheitsreform2006-10-05.pdf, S.4, 27.10.2007.

den.[53] Für die Verordnung von sehr kostenintensiven Medikamenten ist außerdem eine ärztliche Zweitmeinung erforderlich.

Die bereits etablierte Praxis der Rabattverträge, in der Krankenkassen mit den Arzneimittelherstellern spezielle Preisnachlässe aushandeln, wurde intensiviert. Demnach sind Apotheken nun verpflichtet, ein verordnetes Medikament durch ein wirkstoffgleiches Präparat auszutauschen, für das die Krankenkasse einen Rabattvertrag abgeschlossen hat. In diesem Fall profitiert auch der Patient durch eine Reduzierung der Zuzahlung.[54]

Der dritte wesentliche Baustein der Reform liegt in der Modernisierung der GKV und PKV. Hier soll der Wettbewerb um Versicherte gefördert werden und somit auch ein höheres Maß an Wahlfreiheit und besseren Entscheidungsgrundlagen für alle Versicherte. Den gesetzlich Versicherten werden verschiedene Tarife angeboten, die mit unterschiedlichen Versorgungsmodellen verknüpft sind. Das so genannte Hausarztmodell sieht vor, bei Arztbesuchen zunächst immer den Hausarzt zu konsultieren, damit dieser stets den Überblick über die Behandlung behält und eine „Lotsenfunktion" übernehmen kann. Dafür wird der Patient mit Zuzahlungsermäßigungen oder einer Prämie belohnt. Im „Selbstbehalttarif" bekommt der Patient ebenfalls eine Prämie von der Krankenkasse, wenn er für einen Teil seiner Behandlungskosten selbst aufkommt.[55]

Auch auf der Ebene des Vertragswettbewerbs ist es zu Erweiterungen gekommen. Krankenkassen dürfen in größerem Umfang mit einzelnen oder Gruppen von Ärzten spezielle Vereinbarungen treffen, die von der, mit einer Kassenärztlichen Vereinigung oder einer anderen Ärzteorganisation vereinbarten, kollektivvertraglichen Versorgung abweichen oder darüber hinausgehen. Die Kassen können solche Verträge einzeln oder kollektiv mit anderen Kassen aushandeln.[56]

---

[53]   Vgl. Bundesministerium für Gesundheit: Kosten-Nutzen-Bewertung, in: http://www.die-gesundheitsreform.de/glossar/kosten_nutzen_bewertung.html, 27.10.2007.

[54]   Vgl. Bundesministerium für Gesundheit: Informationen zur Gesundheitsreform 2007, in: http://www.die-gesundheitsreform.de/gesundheitsreform/ueberblick/pdf/20070326_gesundheitsreform_ppt.pdf, S. 10, 29.10.2007

[55]   Ebd., S. 13.

[56]   Vgl. AOK Bundesverband: Gesundheitsreform im Überblick, in: http://www.aok-bv.de/politik/reformwerkstatt/reform2006/index_10568.html, 29.10.2007.

Der wachsende Verwaltungsaufwand im System hemmt die hochwertige und wirtschaftliche Gesundheitsversorgung. Deshalb wird durch die Reform auch beabsichtigt, gezielt Bürokratie abzubauen. Voraussichtlich ab Juli 2008 wird ein einheitlicher GKV-Spitzenverband seine Arbeit aufnehmen, der die bisher bestehenden sieben Verbände ablöst.[57] Des Weiteren werden auch kassenübergreifende Fusionen ermöglicht, sodass sich z. B. eine AOK mit einer BKK zusammenschließen kann. Darüber hinaus sollen Abrechnungsverfahren vereinfacht und überflüssige Kontrollen abgebaut werden.

Innerhalb der PKV wird ab dem 01. Januar 2009 ein Basistarif geschaffen, der mit dem Leistungsumfang der GKV vergleichbar ist und einen monatlichen Beitrag von 500 Euro nicht übersteigt. Die PKV soll dann dem Kontrahierungszwang unterliegen und darf in diesem Tarif keine persönlichen Risikozuschläge berechnen.[58] Freiwillig gesetzlich Versicherte können während des ersten Halbjahrs 2009 in den Basistarif der GKV wechseln. Allerdings wurde der Wechsel von der GKV zur PKV für Wechselwillige erschwert. Es wurde eine Karenzzeit von drei Jahren eingerichtet, in dessen Zeitraum der Versicherte konstant über der Pflichtversicherungsgrenze Einkommen erzielt haben muss, um einen Wechselanspruch zu haben.

Auch derzeit privat Versicherte können während des ersten Halbjahrs 2009 in den günstigeren Basistarif wechseln und dabei ihre Ansprüche aus den Altersrückstellungen mitnehmen.[59] Bleiben sie beim Wechsel in den Basistarif dem bisherigen Unternehmen treu, werden die Rückstellungen vollständig übertragen, wechseln sie in eine andere PKV werden die Rückstellungen im Umfang des Basistarifs übertragen.[60] Von diesen Maßnahmen verspricht sich der Gesetzgeber einen Wettbewerb innerhalb der PKV zu Gunsten der Versicherten.

Das umstrittene Herzstück der Reform besteht aus der Neuausrichtung der Finanzierungsordnung durch die Einrichtung eines Gesundheitsfonds zur Bündelung der GKV-

---

[57] Vgl. Bundesministerium für Gesundheit: Spitzenverband Bund der Krankenkassen, in: http://www.die-gesundheitsreform.de/presse/pressethemen/bund_der_kk/index.html, 29.10.2007.

[58.] Vgl. Senioren-, Pflege- und Behindertenführer: Die Gesundheitsreform im Überblick, in: http://www.s-p-b-fuehrer.de/Zentral_Daten/KV2005.html, 27.10.2007.

[12.] Vgl. Finanztip, a. a. O.

[60] Vgl. Senioren-, Pflege- und Behindertenführer, a. a. O.

Finanzierung. Er soll ab Januar 2009 die Beiträge einziehen und sie zusammen mit den Steuermitteln des Bundes auf die einzelnen Krankenkassen verteilen. Ab diesem Zeitpunkt wird ein vom Staat bestimmter, einheitlicher GKV-Beitragssatz gelten, womit die bisherige Beitragshoheit und Finanzautonomie der Kassen entfällt.[61]

Der Beitragseinzug bleibt zunächst ähnlich wie im bisherigen System, außer dass die Kassen die Beiträge vom Arbeitgeber zunächst an den Gesundheitsfonds weiterleiten. Ab Januar 2011 sollen die Arbeitgeber dann die Option erhalten, die gesamten Beiträge, Nachweise und Meldungen an eine einzige Kasse zu übergeben, die diese dann an die Sozialversicherungsträger weitergibt. Jede Krankenkasse erhält aus dem Fonds eine pauschale Zuweisung, die sich an Alter, Geschlecht und Krankheitsrisiken der Versicherten orientiert. Hierdurch soll die Weiterentwicklung zu einem morbiditätsorientierten RSA erfolgen, der ungleiche Kostenbelastungen der Kassen ausgleicht. Dieser Ausgleich orientiert sich an 50 bis 80 Krankheiten, bei denen die durchschnittlichen Leistungsausgaben je Versichertem die normalen Ausgaben um mindestens 50 % übersteigen.[62]

Für den Fall, dass einzelne Kassen mit der pauschalen Zuweisung nicht kostendeckend agieren können, besteht für sie die Möglichkeit, einen Zusatzbeitrag direkt von ihren Versicherten zu erheben. Dieser unterliegt jedoch einer Deckelung des Gesetzgebers und darf, wenn er höher als 8 Euro monatlich liegt, 1 % des beitragspflichtigen Einkommens nicht übersteigen. Mitversicherte Personen und Bedürftige sind von der Zahlung des Zusatzbeitrags ausgenommen. Werden Extrazahlungen erforderlich, muss die Krankenkasse ihre Mitglieder auf die Möglichkeit eines Kassenwechsels hinweisen.[63] Auf der anderen Seite können Kassen, die Überschüsse erwirtschaften, Beiträge zurückerstatten oder zusätzliche Leistungen gewähren.

Der Staat beteiligt sich ebenfalls in Form von Steuerzuschüssen an diesem „Gesundheitspool". Die staatlichen Mittel sollen zur Deckung der Kosten für versicherungsfremde Leis-

---

[61]   Vgl. Arbeitnehmerkammer: Der Gesundheitsfonds, in: http://www.arbeitnehmerkammer.de/
       Sozialpolitik/doku/01_aktuell/info-grafik/
       2006_08_22_gesundheitsfonds.pdf, 29.10.2007.

[62]   Vgl. Schmidt, M.: Der Gesundheitsfonds, in: http://www.med-kolleg.de/magazin/
       gesundheitsfonds-2007.html, 29.10.2007.

[63]   Ebd.

tungen und der beitragsfreien Mitversicherung der Kinder verwendet werden. Der Zuschuss wird 4,0 Mrd. Euro im Jahr 2009 betragen und um jährlich 1,5 Mrd. Euro ansteigen, bis 2016 das geplante Gesamtvolumen von 14 Mrd. Euro erreicht ist.[64]

Die Abbildung 2.3 verdeutlicht die beschriebene Konzeption der geplanten Finanzierungsströme im zukünftigen Zeitalter des Gesundheitsfonds.

Abb. 2.3: Finanzierungsströme des Gesundheitsfonds

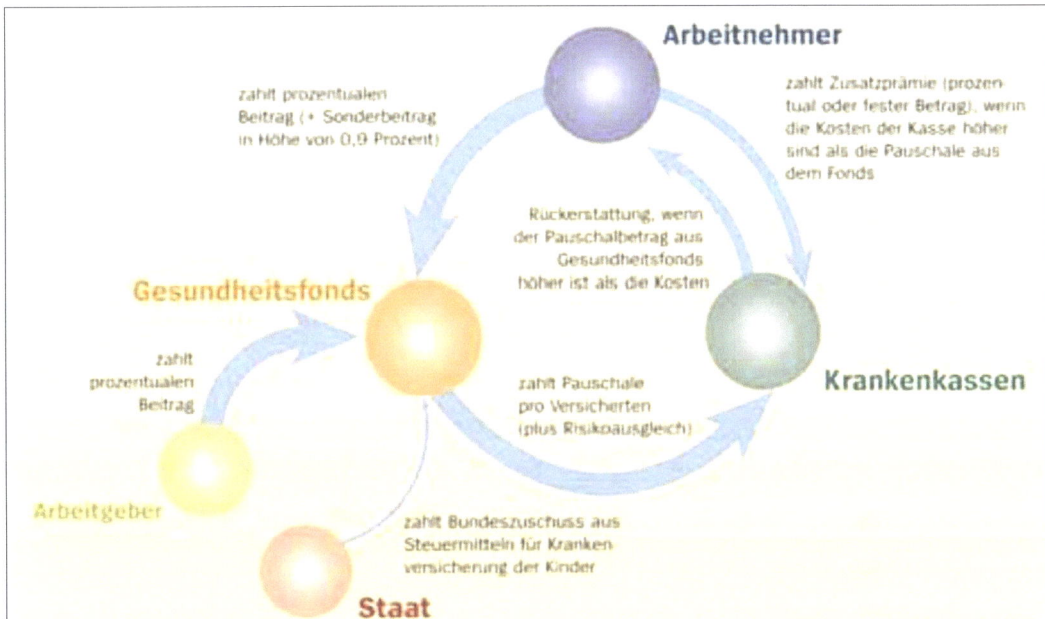

Quelle: AOK Bundesverband: Eckpunkte zur Gesundheitsreform, in: http://www.aok-bv.de/imperia/
md/content/aokbundesverband/dokumente/pdf/presse/06.pdf, S. 19, 25.10.2007.

Um allen Krankenkassen die gleichen Startvoraussetzungen bei der Fondseinführung zu ermöglichen, sollen grundsätzlich bis Ende 2007 alle Altschulden abgebaut sein. In Ausnahmefällen kann diese Frist auch bis Ende 2008 erweitert werden, wenn ein verbindlicher Plan zum Schuldenabbau vorgelegt wird. Dabei sind die Kassen einer Kassenart, z. B. die AOK´s, verpflichtet, sich untereinander bei der Entschuldung zu helfen.[65]

---

[64]   Vgl. Krankenkassen Direkt: Kernpunkte der Gesundheitsreform, in:
http://www.gesundheitsstrukturreform.de/services/faq.pl?val=1193664540&job=uni&faq=829598
0, 30.10.2007.

[65]   Vgl. AOK Bundesverband: Entschuldung, in:, http://www.aok-bv.de/politik/
reformwerkstatt/reformglossar/index_08938.html, 25.10.2007.

Beurteilung

Der Sachverständigenrat Wirtschaft kam im Jahresbericht 2007 „Soziale Sicherung - mehr Licht als Schatten" zu einem überwiegend vernichtenden Urteil über das GKV-WSG. Zwar seien die ausgabenseitigen Maßnahmen ebenso wie die Neuordnung des RSA und der ärztlichen Vergütung zu begrüßen. Ebenfalls positive Schritte erkennt der Sachverständigenrat im neuen Vertragswettbewerb und die Pflichtversicherung. Jedoch würde keines der finanzierungsseitigen Probleme des Gesundheitswesens mit der jüngsten Reform gelöst werden. Darüber hinaus würde der Gesundheitsfonds in seiner geplanten Ausgestaltung[66] zu massiven Wettbewerbsverzerrungen innerhalb der Versicherungslandschaft führen.[67]

Am strukturellen Finanzproblem der GKV wird sich daher voraussichtlich durch das GKV-WSG wenig ändern. Das dem politischen Kompromiss geschuldete Reformgesetz wird den dargestellten, akuten Problemfeldern der Krankenversicherung nicht gerecht. Es sind weder Einnahmesteigerungen noch nennenswerte Ausgabensenkungen hierdurch zu erwarten. Ein Mentalitätswechsel bei den Versicherten hin zu mehr Eigenverantwortung durch erhöhte Eigenbeteiligung oder einer Kürzung des Leistungskataloges wird ebenso wenig erreicht wie eine stärkere Demografiesicherheit. Die einkommenszentrierte Finanzierung der GKV wird beibehalten und somit keine nachhaltige Stabilisierung der Lohnnebenkosten sichergestellt.

In diesem Kontext erscheint der Schlusssatz des Sacheverständigenrates zur Krankenversicherung als sehr zutreffend: „Nach der Reform ist vor der Reform".[68]

---

[66] In erster Linie durch die Festlegung eines einheitlichen Beitragssatzes.
[67] Vgl. Sachverständigenrat Wirtschaft: Jahresgutachten 2007 - Soziale Sicherung: Mehr Licht als Schatten,in: http://www.sachverstaendigenrat-wirtschaft.de/download/gutachten/jg07_iv.pdf, S.198f., 10.12.2007.
[68] Sachverständigenrat Wirtschaft: Jahresgutachten 2007 - Soziale Sicherung: Mehr Licht als Schatten., a. a. O., S. 199.

2.2 Pflegeversicherung

Die gesetzliche Pflegeversicherung wurde zum 1. Januar 1995 als Pflichtversicherung für nahezu die gesamte deutsche Wohnbevölkerung eingeführt.[69] Sie soll das Risiko der Pflegebedürftigkeit abdecken und ist analog zu den anderen Sozialversicherungszweigen im Stil des umlagefinanzierten Generationenvertrages konzipiert. Notwendig wurde dieser Versicherungszweig, da die Kommunen mit der Finanzierung der damals über die Sozialhilfe abgedeckten Zuschüsse für Pflegeheimunterbringung zunehmend überfordert waren. Aufgrund konstant zurückgehender familiärer Pflegekapazitäten fand eine immer stärkere Verlagerung zur institutionellen Pflege statt. Im Zusammenspiel mit stetig wachsenden Pflegekosten waren zunehmende Teile der Heimbewohner finanziell überfordert und somit auf Sozialhilfe angewiesen.[70] Durch die Schaffung der Pflegeversicherung sollte diese Belastung von den Kommunen auf die gesamte Bevölkerung verlagert werden.

Gesetzliche Grundlage ist das Elfte Buch des Sozialgesetzbuches (SGB XI – Soziale Pflegeversicherung). Alle gesetzlich Krankenversicherte gehören automatisch der sozialen Pflegeversicherung (SPV) an, privat Versicherte müssen eine private Pflegepflichtversicherung (PPV) abschließen. Durch diese grundsätzliche „Pflegeversicherung folgt Krankenversicherung"- Regelung ist die Versichertenanzahl sowohl in GKV und SPV als auch in PKV und PPV nahezu identisch[71]. Freiwillig GKV-Versicherte haben ein exklusives Wahlrecht zwischen der SPV und PPV. Lediglich Personen, die weder der Versicherungspflicht der GKV unterliegen, noch dort freiwillig versichert sind und zudem keine private Krankenversicherung abgeschlossen haben, unterliegen nicht der Pflicht zur Pflegerisikoabsicherung.[72] Träger der SPV sind die gesetzlichen Pflegekassen, die rechtlich selbständig innerhalb der GKV agieren. Der SPV-Beitragssatz befindet sich seit Einführung der Versi-

---

[69] Vgl. Bundesministerium für Gesundheit: Die soziale Pflegeversicherung in der Bundesrepublik Deutschland – Statistischer und finanzieller Bericht 2003, 2004, in: http://www.bmg.bund.de/cln_040/nn_601068/SharedDocs/Download/DE/Themenschwerpunkte/Pflegeversicherung/Informationen/Soziale-Pflegeversicherung-pdf,templateId=raw,property=publicationFile.pdf/Soziale-Pflegeversicherung-pdf.pdf, S. 9, 05.12.2007.

[70] Vgl. Oberender, P. / Fleckenstein, J.: Reform der sozialen Pflegeversicherung in Deutschland - Entschärfung einer „Zeitbombe", in: http://www.fiwi.uni-bayreuth.de/Workingpapers/WP_05-04.pdf, S. 3ff., 12.2007.

[71] Vgl. Kapitel 2.1; Anlage 1.

[72] Vgl. Donges, J. B. u. a. (Kronberger Kreis): Tragfähige Pflegeversicherung, Berlin 2005, S. 7.

cherung auf einem konstanten Niveau von 1,7 %. Zur Gewährleistung eines bundeseinheitlichen Beitragssatzes findet durch einen Ausgleichsfonds ein monatliches Liquiditätsausgleichsverfahren zwischen den Pflegekassen statt.[73]

Die Finanzierungssystematik der SPV ist in weiten Teilen deckungsgleich mit dem GKV-System. Die Beiträge werden grundsätzlich paritätisch von Arbeitnehmer und Arbeitgeber getragen, und nach dem Bruttoarbeitsentgelt bemessen.[74] Einzige Ausnahme bildet hierbei der Freistaat Sachsen, in dem der Arbeitgeber nur 0,35 % des gesamten Beitragssatzes trägt.[75] Seit dem 01. Januar 2005 wurde eine kinderabhängige Beitragskomponente hinzugefügt. Demnach müssen kinderlose SPV-Versicherte einen um 0,25 % erhöhten Beitrag entrichten (so genannter Kinderlosenzuschlag). Ausgenommen von dieser Regelung sind Versicherte, die das 23. Lebensjahr noch nicht vollendet haben oder vor dem Jahr 1940 geboren wurden. Kinder und einkommenslose Familienangehörige sind beitragsfrei mitversichert.[76] Die Privatkasse staffelt ihre Beiträge auch in der Pflegeversicherung risikoadjustiert, also abhängig von Alter und Gesundheitszustand bei Versicherungsabschluss.[77] Anders als in der PKV kommt es aber bezogen auf das Geschlecht durch so genannte Unisex-Tarife zu keinen Differenzierungen in der individuellen Prämienhöhe und die Kinder sind beitragsfrei mitversichert. Überdies darf die Prämie den Höchstbetrag in der SPV nicht überschreiten und die Leistungen der PPV sind identisch mit denen der SPV.[78]

Wer Leistungen der Pflegekasse erhält ist über das SGB XI definiert:

---

[73]   Vgl. Bundesministerium für Gesundheit: Die soziale Pflegeversicherung in der Bundesrepublik Deutschland – Statistischer und finanzieller Bericht 2003, 2004, a. a. O., S. 9ff.

[74]   Die Beitragsbemessungsgrenze liegt analog zur Krankenversicherung bei 42.750 € / Jahr (Stand: 2007).

[75]   In den übrigen Bundesländern wurde der Buß- und Bettag zur Finanzierung des AG-Beitrages als gesetzl. Feiertag abgeschafft.

[76]   Vgl. Versicherungsvergleiche: Gesetzliche Pflegeversicherung: Beitragsbemessung, in: http://www.versicherung-vergleiche.de/lexika/bavlexikon/gesetzliche_pflegeversicherung.htm, vom 09.12.2007.

[77]   Vgl. Schüren, M.: Pflegeversicherung – Was die Kasse zahlt, in: http://www.focus.de/finanzen/versicherungen/pflegeversicherung, vom 08.12.2007.

[78]   Vgl. Sachverständigenrat Wirtschaft: Jahresgutachten 2007 – Soziale Sicherung: Mehr Licht als Schatten, a. a. O., S. 36, vom 10.12.2007.

„Pflegebedürftig im Sinne dieses Buches sind Personen, die wegen einer körperlichen, geistigen oder seelischen Krankheit oder Behinderung für die gewöhnlichen und regelmäßig wiederkehrenden Verrichtungen im Ablauf des täglichen Lebens auf Dauer, voraussichtlich für mindestens sechs Monate, in erheblichem oder höherem Maße der Hilfe bedürfen."[79]

Ob diese Pflegebedürftigkeit im Einzelfall vorliegt, wird von dem Medizinischen Dienst der Krankenversicherung (MDK) nach Antragstellung geprüft. Die Ärzte des MDK nehmen bei einer festgestellten Bedürftigkeit eine Zuordnung zu einer der drei nach Art, Umfang und Häufigkeit des Hilfebedarfs differenzierten Pflegestufen vor. Näheres zur Begutachtung durch den MDK wird gemäß § 17 SGB XI über die Richtlinien der Spitzenverbände der Pflegekassen geregelt. Die Pflegestufe dient als Maßstab für die Höhe der monetären Kassenleistung.[80] Im Jahr 2006 betrug die Zahl der Leistungsempfänger in der SPV insgesamt 2.059.553.[81]

Bei den Kassenleistungen wird unterschieden zwischen zwei nominal festgeschriebenen Komponenten: den Zahlungen an Pflegebedürftige im Rahmen der häuslichen Pflege (Pflegegeld) und den Zahlungen an Dritte (z. B. berufsmäßige Pflegekräfte) für Leistungen im Rahmen der ambulanten und stationären Pflege (so genannte Sachleistungen). Die maximalen, monatlichen Geldbeträge für die verschiedenen Leistungsarten betragen zwischen 205 Euro bis zu 1.432 Euro (vgl. Tabelle 2.1). Für besondere Ausnahmefälle, deren Pflegeaufwand die höchste Stufe (Pflegestufe III) weit übersteigt (so genannte Härtefälle), können im Sachleistungsbereich erhöhte Beträge gewährt werden.

---

[79] Sozialgesetzbuch § 14 Abs. 1, XI. Buch.

[80] Vgl. Medizinischer Dienst der Spitzenverbände der Krankenkassen: Richtlinien der Spitzenverbände der Pflegekassen zur Begutachtung von Pflegebedürftigkeit nachdem XI. Buch des SGB, in: http://www.mdk-niedersachsen.de/alt_datei/Begutachtungsrichtlinien060901.pdf, S. 7 - 14, 08.12.2007.

[81] Vgl. Bundesministerium für Gesundheit: Statistiken Pflege: Leistungsempfänger nach Leistungsarten 2006, in: http://www.bmg.bund.de/cln_041/nn_773096/SharedDocs/Download/DE/Themenschwerpunkte/Pflegeversicherung/Informationen/12-Leistungsempfaenger-Durchschnitt2005-x,templateId=raw,property=publicationFile.xls/12-Leistungsempfaenger-Durchschnitt2005-x.xls, 05.12.2007.

Tab. 2.1: Maximale, monatliche Geldleistungen der sozialen Pflegeversicherung

Pflegestufe	Pflegegeld	Sachleistungen ambulant	Sachleistungen stationär
I	205,00 €	384,00 €	1.023,00 €
II	410,00 €	921,00 €	1.279,00 €
III	665,00 €	1.432,00 €	1.432,00 €
Härtefall		1.918,00 €	1.688,00 €

Quelle: Eigene Darstellung. Datengrundlage: §§ 36, 37, 41, 43 SGB XI.

Pflegegeld und Pflegesachleistungen können auch gleichzeitig als Kombinationsleistung gewährt werden, wobei sich die Höhe des Pflegegelds nach der Inanspruchnahme der Pflegesachleistung richtet. Den anteilig größten Posten der SPV-Leistungsausgaben stellte im Jahr 2006 mit 47,3 %[82] das Pflegegeld dar. Die Leistungen der Pflegeversicherung decken im Gegensatz zu den Leistungen der Krankenversicherung nicht die gesamten Kosten ab, insbesondere nicht bei den Schwerstfällen. Aufwendungen, die über diese Leistungen hinausgehen, müssen privat vom Pflegebedürftigen selbst, seiner Familie oder gegebenenfalls staatlich von Seiten des Sozialgeldes getragen werden.[83]

2.2.1 Problemfelder

Die derzeitigen Probleme der sozialen Pflegeversicherung lassen sich nach Leistungs- und Finanzierungsaspekte abgrenzen. Auf der Leistungsebene ist in erster Linie die seit Einführung der Versicherung fehlende Dynamisierung der Pflegeleistungen ein Problemaspekt. Die Vergütungen sind aufgrund der angestrebten Beitragssatzstabilität konstant geblieben, was durch Preissteigerungen zu einer schleichenden Entwertung geführt hat.[84] Dies hatte zwangsläufig höhere Zuzahlungen für Pflegebedürftige und vor allem im stationären Bereich eine Zunahme der Sozialhilfeempfänger zur Folge. 2002 erhielten rund 242.000 Pfle-

---

[82] Vgl. Bundesministerium für Gesundheit: Statistiken Pflege: Leistungsempfänger nach Leistungsarten 2006, a. a. O.

[83] Donges, J. u. a. (Kronberger Kreis):Tragfähige Pflegeversicherung, a. a. O., S. 8.

[84] Vgl. Pfeiffer, D.: Wesentliche Positionen der Ersatzkassen zur Reform und Weiterentwicklung der Pflegeversicherung, in: http://www.vdak.de/versicherte/Pflegeversicherung/ positionspapier_ek/statement_pfeiffer_20050707.pdf, S. 4, 05.12.2007.

gebedürftige Hilfen zur Pflege, ein Anstieg von 10 % im Vergleich zu 1998.[85] Damit verfehlt die Pflegeversicherung ihr ursprüngliches Ziel - nämlich die Sozialhilfeabhängigkeit Pflegebedürftiger zu reduzieren.

Ein weiterer Aspekt ist die mangelnde Realisierung des Grundsatzes „ambulant vor stationär". Die stationäre Pflege verdrängt seit 1996 immer stärker die kostengünstigeren ambulanten Pflegeleistungen. Der stationäre Anteil stieg zwischen 1996 und 2003 von 23,3 % auf 31 % (vgl. Abbildung. 2.4). Bis zum Jahr 2030 wird der Anteil annahmegemäß bei 43 % liegen.[86]

Abb. 2.4: Anteile stationärer und ambulanter Pflege: Entwicklung 1996 bis 2003

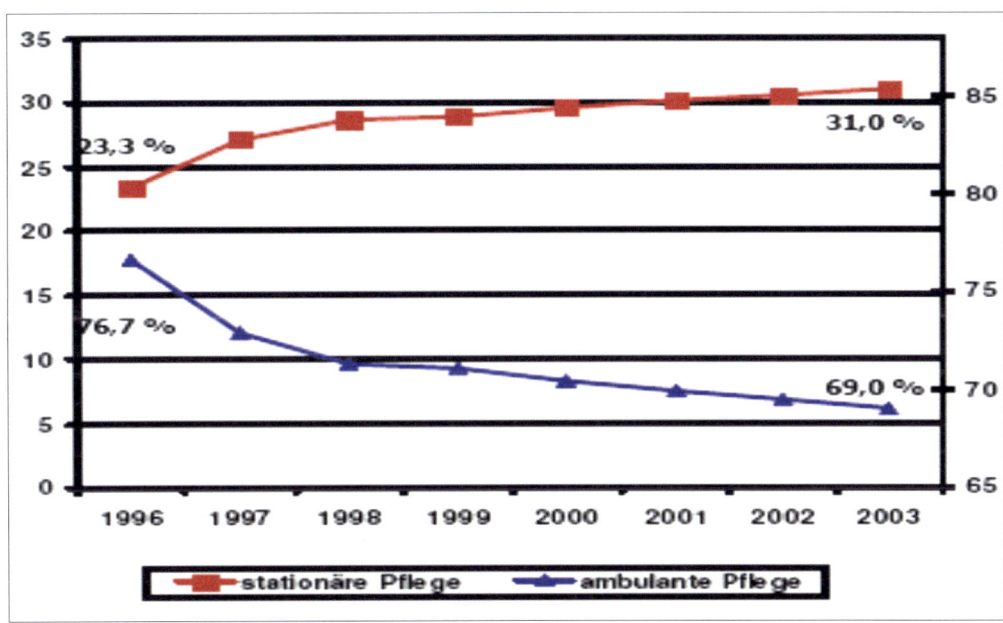

Quelle: Schulze – Ehring, F.: Eine Modellsynopse zur Reform der Pflegeversicherung, in: http://www.wip-pkv.de/uploads/tx_nppresscenter/Modellsynopse_Reform_Pflege.pdf, S. 6, 05.12.2007.

Diese Entwicklung hat zwei verschiedene Ursachen: Zum Einen ist ein monetärer Anreiz zur stationären Pflege wegen den weitaus höheren pauschalen Pflegesachleistungen gegeben. Dieser Ursache kann durch eine Angleichung der Leistungsbeträge entgegengewirkt werden. Zum Anderen findet ein gesellschaftlicher Wandel statt, der von einer Singulari-

---

[85]   Vgl. Pfeiffer, D.: Wesentliche Positionen der Ersatzkassen zur Reform und Weiterentwicklung
         der Pflegeversicherung, a. a. O.
[86]   Ebd.

sierung und Individualisierung der Bevölkerung gekennzeichnet ist. Der Anteil von Sin-
glehaushalten wächst stetig an während das traditionelle Familienbild auf dem Rückzug
ist. Durch diesen Trend zu Einzelhaushalten werden die Familiennetze zunehmend kleiner
oder fehlen ganz.[87] In den Altersklassen mit einer hohen Pflegewahrscheinlichkeit existieren damit zunehmend weniger Angehörige, die für eine häusliche Pflege in Frage kommen.
Daher wird sich die Tendenz zur kostenintensiven, stationären Pflege zwangsläufig ver-
stärken.[88] Diese gesellschaftliche Entwicklung ist, ähnlich wie die demografische Entwicklung, von politischer Seite aus nicht oder nur sehr schwer aufzuhalten.

Die derzeitige Pflegeversicherung hat zudem bei der Bedürftigkeitsdefinition Defizite. Der
enge und vorwiegend verrichtungsbezogene Pflegebegriff trägt der Pflegesituation vieler
Bedürftiger nur ungenügend Rechnung. Dem allgemeinen Betreuungsbedarf für psychisch
Kranke, Menschen mit geistigen Behinderungen und Demenzkranke kann daher nur sehr
unzureichend entsprochen werden. Vor dem Hintergrund, dass diese Krankheitsbilder von
der Fallzahl an Bedeutung hinzugewinnen, muss über eine neue Definition der Pflegebedürftigkeit und über eine stärkere finanzielle Unterstützung dieser Fälle nachgedacht werden.[89]

Des Weiteren sind Prävention und Rehabilitation nur unzureichend in das System einge-
bunden. Die Pflegversicherung ist selbst kein Leistungsträger für die Prävention und Rehabilitation und daher auf andere Leistungssysteme wie die Krankenversicherung angewiesen, wodurch in der Praxis daher vor allem die geriatrische Rehabilitation über einen viel
zu geringen Stellenwert verfügt. Führt Prävention und Rehabilitation zu einer Verbesserung des Gesundheitszustandes und zur verminderten Pflegebedürftigkeit, wird dies im bestehenden System nicht honoriert. Das jetzige System schafft dagegen sogar finanzielle
Anreize, die Stufe der Pflegebedürftigkeit systematisch zu erhöhen.[90] Weitere Mängel be-

---

[87]   Kordfelder, A.: Demografische und gesellschaftliche Entwicklungen - Folgerungen für Rheine, in:
http://www.rheine.de/pics/medien/1_1132840785/Demographischer_Wandel_Frau_Dr__Kordfeld
er.pdf, S. 1, 10.12.2007.

[88]   Vgl. Rürup, B. u. a. (Rürup-Kommission): Bericht: Nachhaltigkeit in der Finanzierung der Sozialen Sicherungssysteme, in: http://infomed.mds-ev.de/sindbad.nsf/
de083cd4fce51312c12571e700442bef/ed702a4fc25bb00200256d94003e84d7/$FILE/RUERUP_B
ericht.pdf, S. 187ff., 05.12.2007.

[89]   Vgl. Schulze – Ehring, F.: Eine Modellsynopse zur Reform der Pflegeversicherung, a. a. O. S. 6.

[90]   Ebd.

stehen in der Qualität der Pflege vor allem in stationären Einrichtungen, die trotz umfassendere gesetzlicher Regelungen bisher nicht signifikant verbessert werden konnte.

Auf der Finanzierungsseite der SPV wird die Entwicklung immer bedrohlicher. Lediglich in den ersten Jahren nach ihrer Einführung erwirtschaftete die SPV Überschüsse. Bereits seit 1999 war sie erstmalig mit Defiziten konfrontiert, die bis ins Jahr 2005 anhielten. Aufgrund einer überproportionalen Einnahmesteigerung (rund eine Mrd. Euro Mehreinnahmen gegenüber 2005) konnte im Jahr 2006 ein positives Ergebnis in Höhe von 0,45 Mrd. Euro erzielt werden. Anlage 3 verdeutlicht diese Zahlen anhand der Finanzentwicklung im Zeitverlauf. Da sich die Mehreinnahmen des Jahres 2005 jedoch vor allem durch einen einmaligen Sondereffekt in Folge des Vorziehens der Fälligkeit der Gesamtsozialversicherungsbeiträge ergaben, hat sich die finanzielle Lage bereits im Jahr 2007 wieder verschlechtert. Zur Jahresmitte ergab sich ein Defizit von rund 350 Mio. Euro, womit sich die Entwicklung des Zeitraums 1999 bis 2005 weiter fortsetzte.[91]

Daher muss weiterhin von einem strukturellen Defizit ausgegangen werden, das sich auch in dem kontinuierlichen (mit Ausnahme des Jahres 2006) Abschmelzen der Versicherungsrücklagen[92] widerspiegelt. Dieser Mittelbestand am Ende des Abrechnungszeitraums wäre unter den gegebenen Rahmenbedingungen spätestens zum Ende des Jahres 2008 komplett erschöpft.[93]

Hauptgrund hierfür ist die bereits in den Problemfeldern der Krankenversicherung angesprochene demografische Entwicklung. Sie hat innerhalb des Pflegewesens noch einen weitaus größeren Einfluss auf die Kostenentwicklung als im Krankenversicherungsbereich. Die Pflegewahrscheinlichkeiten erhöhen sich ab der Altersklasse 70 bis 75 sehr stark, wobei die kostenintensive stationäre Pflege ebenfalls altersbedingt zunimmt. Dementsprechend besitzen die Ausgaben in Abhängigkeit vom Alter einen steil ansteigenden Verlauf. Im Jahr 2002 beliefen sie sich bezogen auf alle Versicherten des jeweiligen Jahrgangs in

---

[91]   Vgl. Sachverständigenrat Wirtschaft: Jahresgutachten 2007 – Soziale Sicherung: Mehr Licht als Schatten, a. a. O., S. 32.

[92]   Von 4,93 Mrd. € im Jahr 2002 auf 3,5 Mrd. € im Jahr 2006.

[93]   Vgl. Bundesregierung: Finanzielle Situation, in: http://www.bundesregierung.de/Content/DE/ StatischeSeiten/Breg/ThemenAZ/pflegeversicherung-2006-08-03-finanzielle-situation.html, 03.12.2007.

der Alterklasse 60 bis 65 jährlich auf 141 Euro, in der Klasse 80 bis 85 auf 1.743 Euro und bei den über 90-Jährigen auf 5.381 Euro.[94]

Zudem wird durch den steigenden Anteil älterer Menschen an der Bevölkerung die Anzahl der Pflegefälle bezogen auf die Gesamtbevölkerungszahl (die so genannte Pflegequote) von 2,3 % im Basisjahr 2003 auf 3,6 % im Jahr 2030 und 4,9 % im Jahr 2050 ansteigen. Unter Berücksichtigung der genannten Faktoren und einer angenommenen, jährlichen 1,5%igen Leistungsdynamisierung, die sich auf den Ausgleich der allgemeinen Preissteigerungen und der Ausweitung des Leistungsangebots bezieht, steigen die Ausgaben von 17 Mrd. Euro (2003) auf über 71 Mrd. Euro im Jahr 2050 an.[95]

Die Einnahmeseite der SPV wird dagegen wie in der GKV im derzeitigen, einkommenszentrierten System vor allem durch die Beschäftigungs- und Gehaltsentwicklung determiniert. Die Demografie hat daher auch in der SPV neben der skizzierten Ausgabensteigerung eine Einnahmesenkung[96] durch den schrumpfenden Anteil der erwerbstätigen Beitragszahler zur Folge. Dies führt schon bei einer Beibehaltung des Leistungsniveaus zwangsläufig zu Beitragssatzerhöhungen. Diese Steigerungen würden, wie in Kapitel 2.1.1 beschrieben, negative gesamtwirtschaftliche Auswirkungen haben und im Endeffekt wiederum zu sinkenden Einnahmen führen.

2.2.2 Pflegereform 2008

Nach ähnlich langwierigen Verhandlungen auf Ministerebene wie anlässlich zur Gesundheitsreform haben sich Union und SPD im Oktober 2007 auf Änderungen des Pflegegesetzes verständigt. Der Gesetzentwurf zur strukturellen Weiterentwicklung der Pflegeversicherung (Pflege-Weiterentwicklungsgesetz) soll zum 1. Juli 2008 in Kraft treten und sieht

---

[94]   Vgl. Donges, B. u. a. (Kronberger Kreis): Tragfähige Pflegeversicherung, a. a. O., S. 10ff.
[95]   Ebd. S. 11ff.
[96]   Vorausgesetzt ist die realistische Annahme, dass es nicht zu konstant überproportionalen Gehaltsentwicklungen kommt.

in erster Linie Leistungsausweitungen und eine Beitragssatzerhöhung vor. Über eine umfassende Finanzierungsreform konnte sich die Bundesregierung dagegen nicht einigen.

Erstmals seit der Einführung der Pflegeversicherung werden die Pflegesätze erhöht. Die Erhöhungen sollen gestaffelt innerhalb des Zeitraums 2008 bis 2012 erfolgen und haben ihren Schwerpunkt im ambulanten Bereich, um den gesetzlich verankerten Grundsatz des Vorrangs häuslicher vor stationärer Pflege (vgl. § 3 SGB XI) stärker als bisher zu berücksichtigen. Daher erfolgen zunächst keine Leistungsanpassungen bei den stationären Sätzen der Pflegestufen I und II.[97] Tabelle 2.2 liefert einen Überblick zu den einzelnen Erhöhungsschritten.

Tab. 2.2: Geplante Anpassung der monatlichen Pflegesätze (in Euro) 2007 bis 2012

	2007	**2008**	**2010**	**2012**
ambulant				
Stufe I	384	420	440	450
Stufe II	921	980	1.040	1.100
Stufe III	1.432	1.470	1.510	1.550
Härtefall	1.918	keine Veränderung		
stationär				
Stufe I	1.023	keine Veränderung		
Stufe II	1.279	keine Veränderung		
Stufe III	1.432	1.470	1.510	1.550
Härtefall	1.688	1.750	1.825	1.918
Pflegegeld				
Stufe I	205	215	225	235
Stufe II	410	420	430	440
Stufe III	665	675	685	700

Quelle: Bundesministerium für Gesundheit: Infografiken zur Pflegeversicherung, in: http://www.bmg.bund.de/nn_604244/DE/Themenschwerpunkte/Pflegeversicherung/infografiken.html, 05.12.2007.

Nach dem Jahr 2012 sollen die Leistungssätze für alle Bereiche kontinuierlich angepasst werden, um den schleichenden Wertverfall zu kompensieren. Diese Leistungsdynamisie-

---

[97] Vgl. Bundesministerium für Gesundheit: Gesetzentwurf zur strukturellen Weiterentwicklung der Pflegeversicherung (Pflege-Weiterentwicklungsgesetz), in: http://www.bmg.bund.de/cln_041/nn_604244/SharedDocs/Gesetzestexte/Entwuerfe/Pflege-Weiterentwicklungsgesetz,templateId=raw,property=publicationFile.pdf/Pflege-Weiterentwicklungsgesetz.pdf, S. 93, 05.12.2007.

rung wird in einem dreijährigen Rhythmus vorgenommen und somit erstmals im Jahr 2015 erfolgen.[98]

Menschen mit erheblich eingeschränkter Alltagskompetenz (z. B. Demenzkranke oder geistig Behinderte) erhalten mit bis zu 2.400 Euro pro Jahr ebenfalls erhöhte Geldleistungen, die zusätzlich zu den eigentlichen Pflegeleistungen gezahlt werden. Dabei werden auch Menschen mit dem entsprechenden Krankheitsbild einbezogen, die bisher noch nicht körperlich pflegebedürftig sind und daher noch nicht in eine Pflegestufe aufgenommen sind.[99]

Zur weiteren Stärkung der häuslichen Pflege sollen die wohnortnahen ambulanten Angebote künftig besser aufeinander abgestimmt und vernetzt werden. Dazu erhält jedes Stadtviertel bzw. jede Region einen Pflegestützpunkt, der durch Anschubfinanzierungen gefördert wird. Dort werden die Pflegebedürftigen und ihre Angehörigen von Pflegeberatern, so genannten Fallmanagern, gezielt unterstützt, um eine verbesserte Versorgung im Einzelfall zu erreichen.[100] Darüber hinaus sollen betreute Wohnformen und Wohngemeinschaften gefördert werden, z. B. indem mehrere Bewohner Betreuungsleistungen gemeinsam abrufen können.[101]

Die Einführung von Pflegezeiten ist ebenfalls auf eine Förderung der häuslichen Pflege ausgerichtet. Angehörige von Pflegebedürftigen erhalten innerhalb ihres Beschäftigungsverhältnisses einen Anspruch auf eine bis zu sechsmonatige, unbezahlte und sozialversicherte Freistellung von der Arbeit mit anschließendem Rückkehrrecht. Für Kleinbetriebe unter 15 Beschäftigten ist diese Regelung freiwillig.[102]

---

[98]   Vgl. Bundesregierung: Kernpunkte der Pflegereform, in: http://www.bundesregierung.de/ Content/DE/Artikel/2007/10/Anlagen/2007-10-17-kernpunkte-pflegereform-barrierefrei,property=publicationFile.pdf, S. 1, 05.12.2007.

[99]   Vgl. Tagesspiegel: Die Eckpunkte der geplanten Pflegereform, in: http://www.tagesspiegel.de/ politik/deutschland/Pflegereform-Koalition;art122,2324483, 05.12.2007.

[100] Vgl. Bundesregierung: Kernpunkte der Pflegereform, a. a. O.

[101] Eine Pflegekraft erbringt z.B. kollektiv abgerechnete Leistungen für mehrere Bewohner.

[102] Vgl. Bundesministerium für Gesundheit: Gesetzentwurf zur strukturellen Weiterentwicklung der Pflegeversicherung (Pflege-Weiterentwicklungsgesetz), a. a. O., S. 91f.

Der von Gesundheitsministerin Ulla Schmidt unterbreitete Vorschlag, darüber hinaus für akute Fälle einen Anspruch auf zehn bezahlte Pflegetage für Angehörige zu schaffen, war innerhalb der Regierung nicht konsensfähig.[103]

Um das Niveau der Behandlungsqualität in stationären Einrichtungen zu erhöhen bzw. zu sichern, werden Kranken- bzw. Pflegekassen und Pflegeeinrichtungen dazu verpflichtet, nach Krankenhausvorbild Qualitätsstandards zu vereinbaren. In Abständen von drei Jahren finden Qualitätsprüfungen in den Einrichtungen statt, deren Prüfberichte zur Erhöhung der Transparenz veröffentlicht werden.[104] Durch finanzielle Anreize sollen in den Einrichtungen Anstrengungen gefördert werden, mit aktivierender Pflege und Rehabilitation möglichst eine Verbesserung des Gesundheitszustandes herbeizuführen. Gelingt durch solche Pflegeoptimierungen eine Herabstufung in eine niedrigere Pflegestufe erhält die Einrichtung eine einmalige Zahlung in Höhe von einheitlich 1.536 Euro.[105]

Durch mehrere Verwaltungsvereinfachungen, wie etwa die beabsichtigte Eindämmung der Dokumentations- und Vereinfachung von Buchführungspflichten, soll das Pflegewesen von zu großen bürokratischen Lasten befreit werden. Nach Vorbild der Gesundheitsreform soll die Portabilität der individuellen PKV-Altersrückstellungen auch für die PPV-Rückstellungen gelten, um den Wettbewerb im privaten Versicherungsfeld zu intensivieren.[106]

Die genannten Leistungssteigerungen und -ausweitungen führen lt. Berechnungen der Bundesregierung zu prognostizierten Mehrausgaben von rund 0,48 Mrd. Euro für das 2. Halbjahr 2008 bis zu 2,2 Mrd. Euro im Jahr 2012 (vgl. Tabelle 2.3). Die im Zeitverlauf steigenden Zahlen sind auf die schrittweise Erhöhung der Pflegestufenleistung und auf die Berücksichtigung des Anstiegs der Leistungsberechtigtenzahl durch die demografische Entwicklung zurückzuführen.

---

[103] Vgl. Fickinger, N.: Kabinett beschließt Pflegereform, in: http://www.faz.net/ s/Rub594835B672714A1DB1A121534F010EE1/Doc~E4DAC93FF34C148978C30275986E2844 7~ATpl~Ecommon~Scontent.html?rss_aktuell, 06.12.2007.

[104] Vgl. Bundesregierung: Kernpunkte der Pflegereform, a. a. O.

[105] Vgl. Bundesministerium für Gesundheit: Gesetzentwurf zur strukturellen Weiterentwicklung der Pflegeversicherung (Pflege-Weiterentwicklungsgesetz), a. a. O., S. 92.

[106] Ebd., S. 101.

Tab. 2.3: Prognostizierte Mehrausgaben der Sozialen Pflegeversicherung 2008 bis 2012

Maßnahme	Mehrausgaben in Milliarden Euro				
	2008	2009	2010	2011	2012
Alle Veränderungen im Leistungsrecht zusammen	0,48	1,04	1,53	1,70	2,20

Quelle: Bundesministerium für Gesundheit: Gesetzentwurf zur strukturellen Weiterentwicklung der Pflegeversicherung (Pflege-Weiterentwicklungsgesetz), a. a. O., S. 258.

Zur Gegenfinanzierung wird ab Inkrafttreten der Pflegereform der bundeseinheitliche Beitragssatz um 0,25 Prozentpunkte angehoben. Diese Beitragserhöhung wird zu erwarteten
Mehreinnahmen von rund 2,5 Mrd. Euro jährlich führen, und damit nach Angaben des
Bundesgesundheitsministeriums für die Finanzierung der Pflegeausgaben bis 2014 oder
2015 ausreichen.[107]

Beurteilung

Die in den Problemfeldern angesprochenen, leistungsseitigen Missstände werden durch die
Reform voraussichtlich abgemildert, vor allem durch die notwendige, langfristige Dynamisierung der Leistungspauschalen und der stärkeren Berücksichtigung Demenzkranker. Ob
die Maßnahmen ausreichen, um diese Probleme auch nachhaltig zu beseitigen, ist fraglich.

Die Leistungsverbesserungen werden durch Beitragssatzerhöhungen gegenfinanziert. Die
Finanzsituation der Pflegekassen wird sich voraussichtlich temporär verbessern. Der prognostizierte Einnahmezuwachs von 2,5 Mrd. Euro jährlich wird bis mindestens 2012[108] über
den unkonstanten Ausgabenzuwachs liegen. Zu einer langfristigeren Finanzierungsnach-
haltigkeit wird diese Einnahmesteigerung aber nicht ausreichen. Der Sachverständigenrat
zur Begutachtung der gesamtwirtschaftlichen Entwicklung kommt im Jahresgutachten
2007 durch eine Simulationsrechnung, die auch die Wirkungen der kommenden Reform
einbezieht, zum Urteil, dass ab dem Jahr 2017 der Beitragssatz nicht mehr gehalten werden

---

[107]   Vgl. Tagesspiegel: Die Eckpunkte der geplanten Pflegereform, a. a. O.
[108]   Vgl. Tabelle 2.3.

kann.[109] Ohne eine wirksame Finanzreform muss es daher mittel- bis langfristig zu weiteren spürbaren Erhöhungen des Beitragssatzes kommen. Projizierungen gehen in einer moderaten Variante mit einer jährlichen 1,5%igen Leistungsdynamisierung bei einer durchschnittlichen Einkommenssteigerung von 2 % von einem notwendigen Beitragssatz in Höhe von 3,1 % aus. Die angesichts der, auch in der Pflege eine Rolle spielende, technischen Entwicklung realistischere Modellvariante mit einer 3%igen Leistungsdynamisierung rechnet dagegen mit einer kostendeckenden 5,9%igen Beitragshöhe.[110]

Ein Ansatz zur nachhaltigen und zukunftssicheren Finanzierung des Pflegewesens fehlt in dem beschlossenen Reformpaket. Damit werden die drängenden Probleme in die Zukunft verschoben und vor allem die junge Generation durch steigende Abgaben belastet. Daher steht nach wie vor eine finanzierungsseitige Reform der Pflegeversicherung auf der politischen Agenda. Oberste Leitlinie einer solchen Reform sollte sein, eine nachhaltige Finanzierung zu erreichen und die Lastverschiebung auf die zukünftigen Generationen zu reduzieren.[111]

---

[109]   Vgl. Sachverständigenrat Wirtschaft: Jahresgutachten 2007 – Soziale Sicherung: Mehr Licht als Schatten, a. a. O., S. 41.

[110]   Vgl. Schulze – Ehring, F.: Eine Modellsynopse zur Reform der Pflegeversicherung , a. a. O., S. 7.

[111]   Vgl. Allianz: Dresdner Economic Research: Pflegeversicherung und Pflegesektor in Deutschland: Herausforderungen und Chancen, in: http://www.group-economics.allianz.com/de/publikationen/working_papers/wp_pflege.html, 03.12.2007.

3 Reformoptionen Krankenversicherung

3.1 Bürgerversicherung

Das Modell der Bürgerversicherung wird in unterschiedlichen Ausgestaltungen von einem erheblichen Teil der politischen, wissenschaftlichen und auch gesellschaftlichen Organisationen präferiert. Zu ihren einflussreichsten Befürwortern zählen auf der politischen Bühne die SPD und „Bündnis 90/Die Grünen". Die durch den Zusammenschluss der „Partei des Demokratischen Sozialismus" (Linkspartei.PDS) mit der Partei „Arbeit & soziale Gerechtigkeit – Die Wahlalternative" (WASG) entstandene Vereinigung „Die Linke" wirbt, in abgewandelter Form, ebenfalls für das Bürgerversicherungskonzept. Unterstützung kommt auch von der Gewerkschaftsseite, vor allem durch die „Industriegewerkschaft Metall" (IG Metall) und durch die Vereinte Dienstleistungsgewerkschaft (verdi).

Gemeinsame Grundidee der Bürgerversicherungsmodelle ist die Einbeziehung aller Bürger in die GKV nach ihrem jeweiligen finanziellen Leistungsvermögen. Kleine und mittlere Einkommen sollen entlastet, höhere Einkommen hingegen stärker als bisher belastet werden. Dadurch soll das Prinzip der Solidarität gestärkt, die Finanzierung der Krankenversicherung auf eine breitere Basis gestellt und die Möglichkeit zur Senkung der Lohnnebenkosten geschaffen werden.[1]

Die einkommensabhängige Beitragsgestaltung ist Hauptbestandteil der Bürgerversicherung und verfolgt die angesprochene Erweiterung des Solidarprinzips. Dieser Ansatz geht zurück auf den Kerngedanken der sozialdemokratischen Politik für soziale Sicherungssysteme. Er verfolgt den Maßstab, dass die Absicherung im Alter, bei Krankheit, Pflegebedürf-

---

[1]   Vgl. Vereinte Dienstleistungsgewerkschaft: Gesundheitspolitik / Bürgerversicherung, in: http://sozialpolitik.verdi.de/dokumentenablage_fuer_verlinkungen_bereich_sopo2/dokumente_fue r_sozialpolitische_informationen/data/sopo_info_07_teil_i, S. 5, 11.10.2007.

tigkeit und Arbeitslosigkeit, entsprechend der Leistungsfähigkeit des Einzelnen, gemein-schaftlich getragen wird.[2]

In diesem Sinne ist es insbesondere erforderlich, den versicherten Personenkreis auszuwei-ten, indem zum Einen mit der Aufhebung der Versicherungspflichtgrenze die individuelle Entsolidarisierungsoption für besserverdienende Arbeitnehmer beseitigt wird sowie zum Anderen auch Selbstständige und Beamte in die Versicherungspflicht einbezogen werden. Außerdem gilt es, beim Einkommensausgleich zusätzlich auch Erträge aus Kapitalvermö-gen zu berücksichtigen.[3]

3.1.1 SPD-Konzept

Die konkrete Ausgestaltung für die Umsetzung einer Bürgerversicherung wurde innerhalb der SPD an eine Projektgruppe unter der Leitung der ehemaligen Juso-Vorsitzenden And-rea Nahles delegiert. Auf Basis des Abschlussberichts dieser so genannten „Nahles-Komission" wurden am 29. August 2004 die Eckpunkte des SPD-Konzepts zur „Solidari-schen Bürgerversicherung" durch den Vorstand verabschiedet.[4] Aufgrund der Regierungs-beteiligung der SPD im Bund hat dieses Modell derzeit den größten politischen Stellenwert auf Seiten der Bürgerversicherungsbefürworter. Vor diesem Hintergrund werden sich die folgenden Ausführungen auf den Entwurf der „Nahles-Komission" beziehen.

[2.] Vgl. SPD-Projektgruppe Bürgerversicherung: Modell einer solidarischen Bürgerversicherung, in: http://www.boeckler.de/pdf/thema_gesundheit_2004_08_26_spd_projektgruppe.pdf, S. 21, 11.10.2007.

[3.] Vgl. Jacobs, K. u. a.: Bürgerversicherung versus Kopfpauschale – Alternative Finanzierungs-grundlagen für die Gesetzliche Krankenversicherung, in: http://www.sozialpolitik-aktuell.de/docs/FES_BUERGERVERSICHERUNG.pdf, S. 11, 11.10.2007.

[4.] Vgl. Vereinte Dienstleistungsgewerkschaft, Gesundheitspolitik / Bürgerversicherung, a. a. O., S. 5.

Bei der Modellierung der Bürgerversicherung werden grundsätzlich drei Aspekte differenziert in denen Regelungsbedarf besteht:[5]

1. der Versichertenkreis,
2. die Beitragsbasis und -bemessung,
3. die organisatorischen Aspekte.

3.1.1.1 Versichertenkreis

Der Personen- bzw. Versichertenkreis soll durch zwei wesentliche Einzelmaßnahmen angepasst werden, die zu einer Erweiterung der von der GKV umfassten Personengruppen führen sollen. Diese bestehen aus der Aufhebung der Versichertenpflichtgrenze und der Erweiterung des Versichertenkreises.[6]

Wie bereits in Kapitel 2.1 beschrieben legt die Versicherungspflichtgrenze fest, bis zu welcher Höhe des jährlichen Bruttoarbeitsentgelts Arbeitnehmer der Versicherungspflicht in der GKV unterliegen.[7] Diese Grenze wurde bereits in den vergangen Jahren analog zur Lohn- und Gehaltsentwicklung angehoben. Für die PKV ist die bestehende Versicherungspflichtgrenze ein Instrument zur Risikoselektion unter den Versicherten. Erkrankte und ältere Bürger wechseln kaum in die PKV, da sie aufgrund ihrer Morbidität mit erheblichen Zuschlägen rechnen müssen. Gesunde und junge Bürger dagegen wechseln wegen der für sie günstigen Tarife sehr häufig. Dadurch entziehen sich die jungen, überdurchschnittlich einkommensstarken Bevölkerungsteile durch Abwanderung in die PKV dem solidarischen Ausgleich innerhalb der GKV. Um diesen Missstand zu beheben, zielt der Ansatz in der Bürgerversicherung darauf ab, dass diese Entgeltgrenze mittelfristig, möglicherweise in

---

[5]. Vgl. Pfaff, A. B. u. a.: Finanzierungsalternativen in der GKV – Einflussfaktoren und Alternativen zur Weiterentwicklung, in: http://sozialpolitik.verdi.de/dokumentenablage_fuer_verlinkungen_bereich_sopo2/dokumente_gesundheitspolitk_buergerversicherung/data/pfaff_u_a_finanzierungsalternativen_in_der_gkv, S. 20, 11.10.2007.
[6]. Vgl. Rürup, B. u. a. (Rürup-Kommission): Bericht: Nachhaltigkeit in der Finanzierung der Sozialen Sicherungssysteme, a. a. O., S. 154.
[7]. Vgl. Bundesministerium für Gesundheit: Versicherungspflichtgrenze, in: http://www.die-gesundheitsreform.de/glossar/versicherungspflichtgrenze.html , 13.10.2007.

Zwischenschritten, beseitigt wird und damit eine allgemeine Versicherungspflicht entsteht.[8] Innerhalb der möglichen Übergangsphase könnten die privaten Krankenversicherer sich stärker auf das Angebot von Zusatzversicherungen spezialisieren. Hierzu sollen medizinisch nicht notwendige Leistungen wie z. B. Wellness-Angebote zählen.[9]

Die zweite beabsichtigte Einzelmaßnahme zur Erweiterung der von der GKV umfassten Personengruppen betrifft die gesellschaftlichen Gruppen mit einer bisherigen Sonderstellung bzgl. der Wahl des Versicherungssystems. Hierbei handelt es sich neben den angesprochenen Bürgern oberhalb der Versichertenpflichtgrenze um folgende Bevölkerungsgruppen: [10]

- Beamte und Pensionäre einschließlich der Empfänger freier Heilfürsorge (ohne Grundwehrdienst und Zivildienstleistende) und deren mitversicherte Familienangehörige.
- Selbstständige sowie deren mitversicherte Familienangehörige.
- Privat Versicherte Rentner einschließlich deren Familienangehörigen.
- Grundwehrdienst- und Zivildienstleistende.

Die sofortige Überführung dieser Bevölkerungsgruppen in die Bürgerversicherung (so genannte „Stichtagslösung") dürfte insbesondere aus rechtlichen Gründen nicht umsetzbar sein. Eine Überführung kann nur unter Berücksichtigung des Bestands- und Vertrauensschutzes derjenigen erfolgen, die bereits in anderen Systemen versichert sind.[11] Dies bedeutet, dass Personen, die ein Bleiberecht in der privaten Krankenversicherung haben, bis zu ihrem Tod oder ihrer Kündigung in der privaten Krankenversicherung verbleiben dürfen. Im Extremfall werden somit in diesen Berufsfeldern nur Berufseinsteiger sowie Neugeborene ab Inkrafttreten der neu geschaffenen Bürgerversicherung versicherungspflichtig. Alle nachfolgenden Kohorten „wachsen" dann vollständig in die Bürgerversicherung hin-

---

8.   Vgl. Rürup, B. u. a. (Rürup-Kommission): Bericht: Nachhaltigkeit in der Finanzierung der Sozialen Sicherungssysteme, a. a. O., S. 154.
9.   Ebd., S. 155.
10.   Vgl. Pfaff, A. B. u. a.: Finanzierungsalternativen in der GKV - Zusammenfassung, in: http://www.boeckler.de/pdf/fof_buergerversicherung_pfaff_08_2004.pdf, S .2, 09.10.2007.
11.   Vgl. Lauterbach, K.: Die Bürgerversicherung, in: http://www.medizin.uni-koeln.de/ kai/igmg/Buergerversicherung.pdf, S. 4, 09.10.2007.

ein. Die beabsichtigte Erweiterung des Versichertenkreises würde somit nur langsam und langfristig erfolgen.[12]

3.1.1.2 Beitragsbasis und -bemessung

Heute existiert bei der Ermittlung der Versicherungsbeiträge das Prinzip einer „Ein-Säulen-Logik". Das bedeutet, dass die Einkünfte aufaddiert und bis zur Höhe der Beitragsbemessungsgrenze verbeitragt werden.[13] Einkünfte, die oberhalb dieser Grenze liegen oder nicht aus Lohn oder Gehalt bestehen, erfahren keine Berücksichtigung. Deshalb soll die Beitragsbemessung um eine Säule zu einem „Zwei-Säulen-Modell" erweitert werden, welches auch andere Einkommensarten berücksichtigt. Die Projektgruppe hat zwei Varianten herausgearbeitet, die bei der Umsetzung des „Zwei-Säulen-Modells" zur Verfügung stehen:

Variante 1: Zwei-Säulen-Beitragsverfahren

In der ersten Säule (Säule A) werden Lohn- und abgeleitete bzw. verwandte Einkünfte zusammengefasst und veranlagt. In der neuen, zweiten Säule (Säule B) werden Einkünfte aus Kapitalvermögen aufgeführt und verbeitragt (vgl. Abbildung 3.1). In der Säule A sollen wie bisher Einkünfte aus nichtselbstständiger Arbeit und künftig auch Einkünfte aus selbstständiger Arbeit, aus Gewerbebetrieb und aus Land- und Forstwirtschaft der Beitragsbemessung unterworfen werden.[14]

In der Säule B werden alle Einkünfte aus Kapitalvermögen aufgeführt. Dazu zählen alle in § 20 EStG aufgezählten Arten, u. a. Gewinnanteile (Dividenden), Einkünfte aus stillen Beteiligungen, Zinsen aus Sparanteilen einer Lebensversicherung, Diskontbeträge oder Ein-

---

12.   Vgl. Lauterbach, K.: Die Bürgerversicherung, a. a. O., S. 4.
13.   Vgl. SPD-Projektgruppe Bürgerversicherung: Modell einer solidarischen Bürgerversicherung, a. a. O., S. 23.
14.   Ebd., S. 11.

nahmen aus der Veräußerung von Zinsscheinen und Zinsforderungen. Hinzu kommen die sonstigen Einkünfte lt. § 22 EStG wie z. B. Leibrenten, Einkünfte aus Unterhaltszahlungen oder andere wiederkehrende Bezüge. Einnahmen aus Vermietung oder Verpachtung lt. § 21 EStG bleiben, abweichend zum Konzept von Bündnis 90 / Die Grünen, ausgenommen.[15]

Abb. 3.1: Zwei-Säulen-Beitragsverfahren

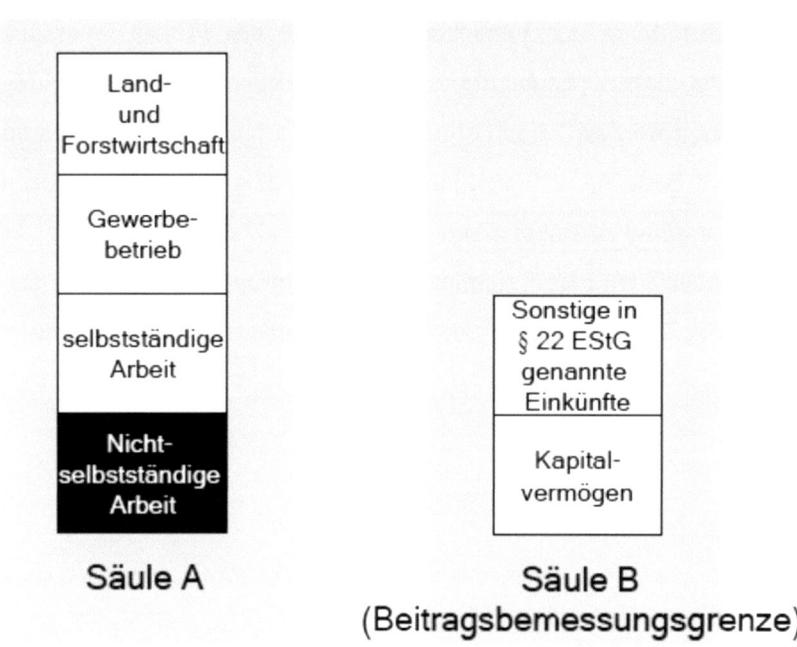

Quelle: SPD-Projektgruppe Bürgerversicherung: Modell einer solidarischen Bürgerversicherung, a. a. O., S. 4.

Beide Säulen erhalten eigene Beitragsbemessungsgrenzen, die unterschiedlich hoch ausfallen können. In der bevorzugten Variante sollen beide Grenzen ähnlich hoch wie im Status quo des Jahres 2005 liegen (3.525 Euro monatlich)[16]. Eine Anhebung der Beitragsbemessungsgrenze ist im SPD-Modell nicht beabsichtigt, da diese eine durchschnittliche Lohnnebenkostensteigerung für die Arbeitgeber zur Folge hätte. Darüberliegende Einkünfte werden wie bisher nicht veranlagt. Kapitaleinkünfte, die unterhalb des steuerrechtlichen

---

[15] Vgl. Hovermann, E: Überblick über die Reformmodelle im Gesundheitswesen, in: http://www.eike-hovermann.de/arbeitsbereiche/reformmodelle.htm, 11.10.2007.

[16] Vgl. Römer, M. ; Borrell, R.: Die Bürgerversicherung: Die falsche Medizin für die Krankenversicherung, in: http://www.karl-braeuer-institut.de/webcom/show_article.php/_c-1243/_nr-2/i.html, S. 5, vom 11.10.2007.

Sparerfreibetrages in Höhe von 111,67 Euro / Monat[17] liegen, werden ebenfalls nicht ange-rechnet, um eine zusätzliche Belastung von Kleinsparern zu verhindern. Bisher beitragsfrei mitversicherte Familienangehörige mit Einkünften oberhalb des Freibetrages werden nach diesem Modell ebenfalls beitragspflichtig.[18]

Berechnet und erhoben werden die entsprechenden Beiträge aus Säule B anhand der Steu-ererklärungen durch die Finanzämter – somit wäre die Bildung einer neuen Behörde nicht notwendig. Das Finanzamt würde die Beiträge direkt einbehalten und an den RSA zwi-schen den Krankenkassen überweisen.[19]

Variante 2: Kapital-Steuer-Modell (KSM)

Dieses Modell ist nicht als Alternative zur vorigen Variante sondern als darauf aufbauende Weiterentwicklung zu sehen.[20] Diese kann verwirklicht werden, wenn im Steuerrecht eine Abgeltungssteuer mit festgelegtem Steuersatz auf Zins- und Kapitalerträge verankert wer-den würde.

Wie in der Abbildung 3.2 zu erkennen ist, werden auch hier die Einkommensarten isoliert betrachtet. Keine Änderung vollzieht sich in der Säule A im Vergleich zum Zwei-Säulen-Beitragsverfahren. Die Säule B beinhaltet hier jedoch nur noch den Posten des Kapital-vermögens.

---

17   Höhe zum Zeitpunkt der Konzepterstellung (2004).
18.   Ebd., S. 25.
19.   Vgl. Rürup, B. u. a. (Rürup-Kommission): Bericht: Nachhaltigkeit in der Finanzierung der Sozia-len Sicherungssysteme, a. a. O., S. 164.
20.   Vgl. SPD-Projektgruppe Bürgerversicherung: Modell einer solidarischen Bürgerversicherung, a. a. O., S. 27.

Abb. 3.2: Kapital-Steuermodell

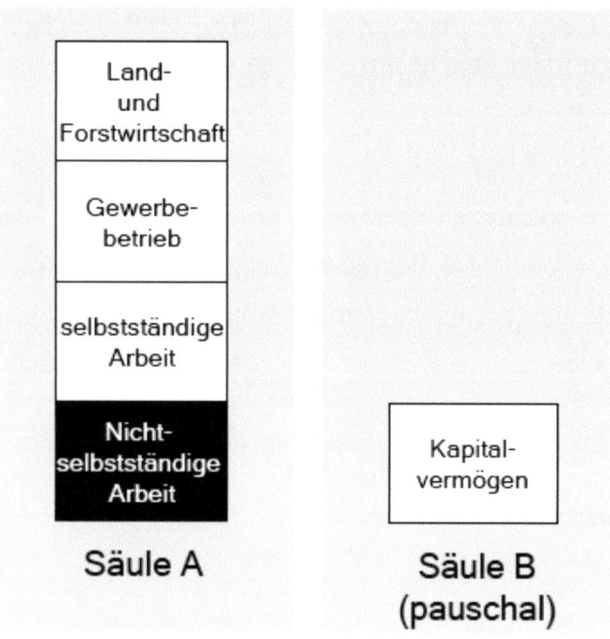

Quelle: SPD-Projektgruppe Bürgerversicherung: Modell einer solidarischen Bürgerversicherung, a. a. O., S. 27.

Auf die neu implementierte Abgeltungssteuer würde ein Zuschlag von 7 % erhoben werden.[21] Die Einnahmen hieraus sollen zweckgebunden der GKV zufließen. Die Abgeltungssteuer soll in dieser Form die bisherige Zinsabschlagssteuer im Steuergesetz ablösen.[22] Höhere Einkünfte aus Kapitalvermögen unterliegen in dieser Variante keiner Beitragsbemessungsgrenze und werden demnach in voller Höhe der Steuerpauschale zu Grunde gelegt.

Langfristig zielt die SPD-Projektgruppe auf die Einführung des KSM-Verfahrens ab, da es aus ihrer Sicht mit weiteren, über das Zwei-Säulen-Verfahren hinausgehenden, Vorteilen verbunden ist. Der Bürokratieaufwand wäre geringer, da sich der Aufwand beim Finanzamt auf die Abführung einer Summe, unabhängig von Steuererklärungen der Versicherten, reduzieren würde. Außerdem würde durch den Wegfall der Obergrenze für die Erhebung der Abgeltungssteuer die sozialdemokratisch gewünschte Verteilungswirkung größer aus-

---

[21]   Vgl. Hovermann, E: Überblick über die Reformmodelle im Gesundheitswesen, a. a. O.
[22]   Vgl. Römer, M. / Borrell, R.: Die Bürgerversicherung: Die falsche Medizin für die Krankenversicherung, a. a. O., S. 7.

fallen als beim anderen Modell. Insbesondere Bevölkerungsteile mit hohen Zins- und Kapitalerträgen würden auch vollständig heran gezogen. Da auch PKV-Versicherte unmittelbar zu der pauschalen Abgeltungssteuer veranlagt werden könnten, generiert dieses Modell kurzfristigere Möglichkeiten zur Beitragssatzentlastung.[23]

3.1.1.3 Organisatorische Aspekte

Die Bürgerversicherung soll ein wettbewerbliches Leitbild für das Gesundheitswesen vorgeben. Für alle Akteure soll eine einheitlich und fair ausgestaltete Wettbewerbsordnung installiert werden, die Qualität in den Vordergrund stellt.[24]

Einheitliche Spielregeln im gemeinsamen Krankenversicherungsmarkt schließen nach Ansicht der SPD ein Nebeneinander unterschiedlicher Kalkulationskonzepte einzelner Versicherer aus. Kapitaldeckung und Umlagefinanzierung, einkommensabhängige und – unabhängige Beiträge, Beiträge mit und ohne Arbeitgeberbeteiligung können nicht nebeneinander zugelassen werden, ohne gegen die für einen produktiven Wettbewerb notwendigen, fairen Wettbewerbsbedingungen zu verstoßen. Deshalb müssen hierzu, im Interesse eines produktiven Wettbewerbs, verbindliche Vorgaben getroffen werden.[25]

Daher soll der neue, einheitliche Bürgerversicherungstarif sowohl von gesetzlichen als auch von privaten Krankenkassen zu gleichen Konditionen angeboten werden. Das erleichtert dem Versicherten die Wahl und beseitigt bisher bestehende Ungerechtigkeiten zwischen den Versicherungssystemen.[26] Alle Bürgerversicherungstarife (auch die der PKV) würden in den RSA mit einbezogen werden.

---

23.   Vgl. SPD-Projektgruppe Bürgerversicherung: Modell einer solidarischen Bürgerversicherung, a. a. O., S. 28.
24.   Ebd., S. 49.
25.   Vgl. Jacobs, K. u. a.: Bürgerversicherung versus Kopfpauschale – Alternative Finanzierungsgrundlagen für die Gesetzliche Krankenversicherung, a. a. O., S. 11.
26.   Vgl. SPD-Projektgruppe Bürgerversicherung: Modell einer solidarischen Bürgerversicherung, a. a. O., S. 49.

Der Versicherungstarif hat folgende Mindestanforderungen: [27]

- Einkommensbezogene Beiträge: Die Beiträge werden in Abhängigkeit vom Gesamteinkommen berechnet (Zwei-Säulen-Modell). Der lohnbezogene Beitragsanteil wird weiterhin paritätisch zwischen Arbeitgeber und Arbeitnehmer finanziert.

- Kontrahierungszwang: Jede Versicherung muss ohne Gesundheitsprüfung jeden Bürger aufnehmen.

- Gesetzlicher Leistungskatalog: alle medizinisch notwendigen Leistungen sind komplett versichert. Der Leistungskatalog wird nicht verändert. Als Grundlage dient das Sozialgesetzbuch.

- Sachleistungsprinzip: Die Patienten erhalten die Leistungen unmittelbar und müssen nicht im Voraus zahlen.

Darüber hinaus können die Bürger ihre Kasse frei zwischen den Angeboten der gesetzlichen und privaten Versicherungen wählen. Bisher privat Versicherte sollen ein Optionsrecht erhalten. Demnach können sie entweder ihr bestehendes Versicherungsverhältnis beibehalten oder einen Wechsel in die Bürgerversicherung vornehmen. Neu krankenversicherte gehen automatisch in die Bürgerversicherung ein. Familienmitglieder ohne eigenes Einkommen und Kinder sind beitragsfrei mitversichert. [28]

Das bisherige Kapitaldeckungsverfahren der privaten Versicherungen soll auf ein für alle Krankenkassen einheitliches Verfahren der Umlagenfinanzierung ungestellt werden. [29] Besondere Beachtung kommt in dieser Hinsicht den Altersrückstellungen der PKV zu. Bei einem Wechsel von im bisherigen System privat Versicherte in den Bürgerversicherungstarif würden, nach derzeitiger Rechtslage, die Ansprüche aus den Rückstellungen für die Versicherten verloren gehen. Daher sollen für diese Fälle eine Mitnahmemöglichkeit geschaffen werden, deren genaue Ausgestaltung jedoch noch nicht feststeht. In der Praxis bedeutet die Bürgerversicherung somit, dass alle Bürger in einem solidarischen Krankenversicherungssystem, nicht jedoch in einer Krankenkasse, versichert wären. Beitragssatz-

---

[27.] Ebd., S. 10.
[28.] Ebd.
[29.] Vgl. Römer, M. / Borrell, R.: Die Bürgerversicherung: Die falsche Medizin für die Krankenversicherung, a. a. O., S. 5.

unterschiede werden weiterhin existieren, jedoch nicht mehr Unterschiede der Behandlungsmöglichkeiten und Finanzierungsquellen.[30]

3.1.2 Auswirkungen und Kritik

Die Bürgerversicherung erreicht das Ziel der Beteiligung von allen Einkunftsarten am Solidarsystem und schafft dadurch einen ersten Schritt zur Entkoppelung der Sozialversicherungsbeiträge von der abhängigen Beschäftigung. Nach Ansicht der SPD-Projektgruppe wird durch die Verbreiterung der Beitragsbasis eine Reduzierung der Lohnnebenkosten in signifikanter Höhe für alle bisherigen GKV-Versicherten ermöglicht. Ebenso können bisher PKV-Versicherte entlastet werden, vor allem durch die beitragsfreie Familienmitversicherung.[31]

Bei Anwendung des „Zwei-Säulen-Beitragsverfahrens" würde es, lt. Berechnungen der Projektgruppe, zu einer kurzfristigen Reduktion der Beitragssätze um 1,8 % kommen.[32] Diese Berechung beinhaltet als Basis den Beitragssatz von 2003 (14,1 %) und geht davon aus, dass der Versichertenkreis auch die bisher nicht in der GKV Versicherten umschließt. Da diese Erweiterung des Versichertenkreises jedoch, wie beschrieben, aufgrund von rechtlichen Schranken nicht kurzfristig zu realisieren ist, kann eine realitätsnahe Berechnung der kurzfristigen Auswirkungen nur den bisherigen GKV-Versichertenstamm umfassen. Unter diesen Bedingungen wäre die prognostizierte Absenkung der Beiträge mit lediglich 0,7 %[33] (vgl. Tabelle 3.1) bedeutend geringer.

Gleiches gilt für die Berechnungen anhand des Kapital-Steuer-Modells. Das von der SPD favorisierte Berechnungsmodell (mit einem pauschalen Zuschlag auf die Abgeltungssteuer in Höhe von 7 %) bezieht ebenfalls alle Versichertengruppen in die Bürgerversicherung

---

[30] Vgl. SPD-Projektgruppe Bürgerversicherung: Modell einer solidarischen Bürgerversicherung, a. a. O., S. 23.

[31] Ebd., S. 42.

[32] Vgl. SPD-Projektgruppe Bürgerversicherung: Modell einer solidarischen Bürgerversicherung, a. a. O., S. 29.

[33] Ebd., S. 30.

mit ein, wodurch es eine Absenkung von 14,1 % auf 12,6 % und somit eine Reduktion um 1,6 % generieren würde.[34] Unter der realistischeren Berechnungsweise, mit dem bisherigen GKV-Versichertenkreis als Grundlage, wäre die Reduktion mit nur 0,3 % ebenfalls bedeutend geringer.[35]

Tab. 3.1: Entlastungseffekte durch Zwei-Säulen-Modelle

Modelltyp	Status Quo	BV 1	BV 2	KSM 1	KSM 2
BBG Säule A monatlich	3.487,50 €	3.487,50 €	3.487,50 €	3.487,50 €	3.487,50 €
BBG Säule B monatlich	entfällt	3.487,50 €	3.487,50 €	entfällt	entfällt
Freibetrag monatlich	0	111,67 €	111,67 €	111,67 €	111,67 €
Versichertengruppe	GKV	**GKV**	**alle**	**GKV**	**alle**
Beitragssatz	14,10 %	13,40 %	12,30 %	13,80 %	12,60 %
Beitragssatzreduktion	0,00 %	**0,70 %**	**1,80 %**	**0,30 %**	**1,60 %**

Anmerkungen:
BBG = Beitragsbemessungsgrenze
KSM = Kapitalsteuermodell
BV= Zwei–Säulen-Beitragsverfahren

Quelle: Eigene Darstellung in Anlehnung an:. SPD-Projektgruppe Bürgerversicherung, a. a. O., S. 30ff.

Während langfristig gesehen im „Status-quo-System" bis zum Jahr 2030 Beitragssätze von über 20 % zu erwarten sind, liegt die Abschätzung der Projektgruppe die Entwicklung unter Bürgerversicherungsbedingungen im gleichen Zeitraum bei knapp über 15 %.[36] Dieser Prognose ist zu entnehmen, dass die Bürgerversicherung auch langfristig nicht zu einer Beitragssatzentlastung führt sondern lediglich zu einer Abflachung der zu befürchtenden Beitragssatzsteigerungen.

Eine deutlichere kurz- und langfristige Entlastung könnte innerhalb dieses Modells nur durch eine, von der „Rürup-Kommission" empfohlene, Anhebung der Beitragsbemessungsgrenze auf das Niveau der Rentenversicherung (Jahr 2004: 5.100 Euro monatlich) erzielt werden. Diese Maßnahme hätte, isoliert betrachtet, einen Senkungs-effekt von

---

[34.] Ebd., S. 31.
[35.] Ebd.
[36.] Vgl. SPD-Projektgruppe Bürgerversicherung: Modell einer solidarischen Bürgerversicherung, a. a. O., S. 33.

0,8 Prozentpunkten. Die langfristig, nach Erweiterung des Versichertenkreises, zu erwartende Entlastung, würde zu einem Beitragssatz von 12,4 % führen.[37]

Außerdem führt die schrittweise Übernahme der Beamten in eine Bürgerversicherung zu spürbaren Belastungen der öffentlichen Haushalte. Ursache hierfür ist, dass die zusätzliche Belastung des Landeshaushalts durch die Arbeitgeberbeiträge zur Bürgerversicherung von Beginn an wirkt und durch die altersabhängige Besoldungsdynamik in den ersten Jahren noch gesteigert wird. Andererseits entstehen bei einem schrittweisen Übergang in die Bürgerversicherung anfangs nur geringe Entlastungen bei den Beihilfehausgaben, weil diese Aufwendungen für junge Beamte wesentlich niedriger als vergleichsweise die Aufwendungen für Versorgungsempfänger sind. In einer Beispielrechnung, die durch das Gesundheitsministerium Nordrhein-Westfalen durchgeführt wurde, entstehen hierdurch Mehrbelastungen für die Länderhaushalte in Höhe von 10 % der bisherigen Beihilfeaufwendungen.[38]

Die Auswirkungen der SPD-Bürgerversicherung auf die Belastungssituation einzelner Bevölkerungsschichten sind nach Ansicht der „Nahles-Kommission" überwiegend positiv. Berufsgruppen von ungelernten Arbeitern über Meister bis zum Angestellten in Leitungsfunktionen verfügen mehrheitlich nicht über Zinseinkünfte oder Einkünfte aus Selbständigkeit, die oberhalb der Freibeträge liegen. Daher müssten diese Gruppen auch keine zusätzlichen Beiträge entrichten. Belastungen würden sich vorwiegend für Teile von Freiberuflern und Selbstständigen ergeben.[39] Aufgrund der mittlerweile 4 Jahre zurückliegenden SPD-Berechnungen haben diese durch die zum 1. Januar 2007 erfolgte, drastische Senkung des Sparerfreibetrags auf jetzt nur noch 750 Euro[40] einen mangelnden aktuellen Bezug. Legt man diese Grenze zu Grunde, würden auch Kleinsparer in die Veranlagung der zweiten Säule einbezogen werden, und hätten somit höhere Belastungen zu erwarten.

---

37. Vgl. Rürup, B. u. a. (Rürup-Kommission): Bericht: Nachhaltigkeit in der Finanzierung der Sozialen Sicherungssysteme, a. a. O., S. 162.
38. Vgl. SPD-Projektgruppe Bürgerversicherung: Modell einer solidarischen Bürgerversicherung, a. a. O., S. 47.
39. Ebd., S. 35.
40. Vgl. Steuerlexikon Online: Sparerfreibetrag, in: http://www.steuerlexikon-online.de/ Sparerfreibetrag.html, 09.10.2007.

Nach Ansicht des „Verbandes der privaten Krankenversicherung" (PKV) wird durch dieses Modell auch das Problem der Nachhaltigkeit und Generationengerechtigkeit nicht gelöst. Der demografische Wandel überfordert aus ihrer Sicht das umlagefinanzierte Krankenversicherungssystem. Deutliche Beitragssteigerungen wären für die Zukunft abzusehen. Daher plädieren die privaten Krankenversicherer für ein kapitalgedecktes System nach Vorbild der PKV.[41]

Der „Verband der Angestelltenkrankenkassen" (vdak) begrüßt dagegen das Festhalten am Umlageverfahren und auch die solidarischere Ausrichtung des Modells.[42] Er bemängelt aber u. a. die Nichtberücksichtigung von Einkünften aus Vermietung und Verpachtung in der 2. Beitragssäule. Es sei nicht vermittelbar, warum diese Einnahmen von der Verbeitragung ausgenommen werden sollen. Diese Ungerechtigkeit würde zu Akzeptanzproblemen in der Bevölkerung führen.[43]

Die paritätische Finanzierung wird im Rahmen der Bürgerversicherung beibehalten. Damit würden die Arbeitgeber auch zukünftig eine Mitverantwortung für den Gesundheitszustand der Beschäftigten und die Gesamtkosten im Gesundheitswesen tragen. Eine Aufkündigung durch eine Entlassung der Arbeitgeber aus der „Fürsorgepflicht" könnte für erhebliche Auseinandersetzungen in Tarifverhandlungen und auf betrieblicher Ebene sorgen. Daher würde die weitere paritätische Finanzierung einen Anteil zur Sicherung des sozialen Friedens in Deutschland leisten.[44] Jedoch besteht andererseits die Gefahr, dass es durch langfristig erwartete, demografisch bedingte Beitragssatzsteigerungen aufgrund der paritätischen Finanzierung zu weiteren Lohnnebenkostensteigerungen kommen wird, wodurch die Arbeitsmarktsituation belastet werden würde.[45]

---

[41] Vgl. Verband der privaten Krankenversicherung: SPD-Konzepte münden in Einheitskasse, in: http://www.pkv.de/downloads/PM_SPD-Konzept.pdf, S. 1, 10.10.2007.

[42] Vgl. Bredl, C.: Bürgerversicherung – Kopfpauschale, in: http://www.vdak.de/ LVen/BAY/Standpunkte/Buergerversicherung_-_Kopfpauschale/ Buergerversicherung_Kopfpauschale.ppt, S. 5., 10.10.2007.

[43] Ebd., S. 6.

[44] Vgl. SPD-Projektgruppe Bürgerversicherung: Modell einer solidarischen Bürgerversicherung, a. a. O., S. 42.

[45] Vgl. Wasem, J.: Bürgerpauschale – Gesundheitsprämie - Bürgerversicherung, in: http://www.ruhr-uni-bochum.de/sozialreformen/downloads/ Ringvorlesung%20Bochum%20Mai%202005.pdf, S. 24, 10.10.2007.

3.2 Prämienmodell

Am 30. September 2003 stellte die von der CDU eingesetzte Kommission „Soziale Sicherheit" unter Leitung des ehemaligen Bundespräsidenten Roman Herzog ihren Endbericht vor. Darin sind umfassende Reformvorschläge im Bereich der sozialen Sicherungssysteme enthalten. Im Rahmen der Krankenversicherung plädierte die so genannte „Herzog-Kommission" für einen Übergang zu einem Prämienmodell.[46] Auch der parteiunabhängige Sachverständigenrat zur Begutachtung der gesamtwirtschaftlichen Entwicklung favorisierte im sozialpolitischen Teil seines Jahresgutachtens 2003 / 2004 diese Modelloption. Der im Sachverständigenrat mitwirkende Wirtschaftsweise Bert Rürup entwickelte ebenso in der „Kommission zur Nachhaltigkeit in der Finanzierung der sozialen Sicherungssysteme" ein Konzept der Prämienfinanzierung und spricht sich grundsätzlich für diesen Reformweg aus.[47]

Neu an diesem Modell ist, dass die Beiträge zur GKV nicht mehr nach der individuellen Leistungsfähigkeit, also nach dem Einkommen, erhoben werden. Jede Krankenkasse soll autonom einen pauschalen Beitrag festsetzen, der von allen Mitgliedern, egal ob sie Bezieher von kleinen, mittleren oder hohen Einkommen sind, bezahlt werden muss. Für einkommensschwache Versicherte soll über Steuermittel ein sozialer Ausgleich geschaffen werden. Somit würde die Beitragsbemessung nicht nach solidarischen Prinzipien erfolgen, stattdessen aber der solidarische Ausgleich über das Steuersystem.[48]

Ähnlich wie bei der Bürgerversicherung ist die genaue Ausgestaltung des Prämienmodells innerhalb der verschiedenen Konzepte unterschiedlich. Die in Wissenschaft und Politik diskutierten Ansätze differenzieren sich insbesondere hinsichtlich der Prämienhöhe, der

---

[46] Vgl. Deutsche Krankenhausgesellschaft: Endbericht der „Herzog-Kommission" zur Reform der sozialen Sicherungssysteme, in: http://www.dkgev.de/dkgev.php/cat/72/ aid/561/title/Endbericht+der+%84Herzog-Kommission%93+zur+Reform+der+sozialen+Sicherungssysteme, 10.11.2007.

[47] Vgl. AOK-Bundesverband: Blickpunkt, in: http://www.aok-bv.de/imperia/md/ content/aokbundesverband/dokumente/pdf/service/blickpunkt_11_03.pdf, S. 3, 10.11.2007.

[48] Vgl. Hüttemann, M.: Die Wahlprogramme der Parteien zur Gesundheitspolitik, in: http://www.thieme.de/viamedici/aktuelles/artikel/wahl.html#anker5, 10.11.2007.

Grenze der zulässigen Höchstbelastung, dem Umfang und der Finanzierung der staatlichen Zuschüsse sowie dem zu finanzierenden Leistungsumfang.[49]

Die CDU übernahm für ihre gesundheitspolitische Ausrichtung im Rahmen des Leipziger Parteitags 2003 in großen Teilen die Empfehlungen der „Herzog-Kommission".[50] Nach unionsinternen Meinungsverschiedenheiten mit der Schwesterpartei CSU musste sich die CDU jedoch auf ein modifiziertes Konzept verständigen. Der Kompromiss mit dem Titel „Das solidarische Gesundheitsprämienmodell der Union" hat den Charakter eines Mischmodells aus dem bisherigen Solidarsystem und den CDU-Kopfpauschalen. Es sieht eine vollständige Beibehaltung der Umlagefinanzierung und nur eine teilweise Entkoppelung der Beiträge von den Arbeitseinkommen vor. In diesem Zusammenhang ist dieser Unions-Kompromiss im Rahmen dieser Arbeit für die Darstellung und Abgrenzung des reinen Prämienmodells untauglich. Vor diesem Hintergrund beziehen sich die folgenden Ausführungen auf die CDU-Position und den dazu abweichenden Ansätzen der „Herzog-Kommission".

3.2.1 CDU-Konzept

Grundsätzlich verfolgt dieses Konzept mit der Abkehr von der ausschließlich über abhängige Beschäftigung getragenen Finanzierung den gleichen Grundgedanken wie die Bürgerversicherung. Dieses Ziel soll jedoch nicht über eine Erweiterung des Versichertenkreises und der Beitragsbemessung erreicht werden, sondern über eine Verschiebung von Teilen des Versicherungswesens in das Steuersystem.[51]

---

[49]   Vgl. Fröhler, N.: Bürgerversicherung oder Kopfpauschale, in: http://www.verdi.de/sozialpolitik/dokumentenablage_fuer_verlinkungen_bereich_sopo2/dokumente_gesundheitspolitk_buergerversicherung/data/froehler_einfuehrung_buergervers, S. 5, 12.11.2007.

[50]   Eine große Anzahl von Formulierungen finden sich wortgleich auch im CDU-Konzept.

[51]   Vgl. Allinger, H. J.: Bürgerversicherung und Kopfpauschale haben vieles gemeinsam, in: http://www.wiwi.uni-passau.de/fileadmin/dokumente/lehrstuehle/ wilhelm/Working_Papers_PDF/V-42-06.pdf, S. 5, 12.11.2007.

Demzufolge wird hier der Versichertenkreis gemäß der derzeitigen Versicherungsstruktur beibehalten. Die Versicherungspflichtgrenze soll auf dem Status-quo-Niveau verbleiben und damit die Trennung zwischen GKV und PKV aufrechterhalten werden. Nach Ansicht der CDU können die negativen Folgen der Demografie nicht mit einer Ausweitung des Versichertenkreises um weitere Personengruppen aufgefangen werden. Vielmehr kann diesem Problem nur mit einer Überführung des heutigen GKV-Systems in ein einkommensunabhängiges, kapitalgedecktes und damit demografieunabhängigeres System entgegengetreten werden. Abweichend zum Ansatz der „Herzog-Kommission", der eine Übergangsphase von zehn Jahren zum Aufbau eines Kapitalstocks vorsieht, favorisiert die CDU einen unverzüglichen Systemumstieg.[52]

3.2.1.1 Beitragsgestaltung und Finanzierung

Die bisherigen Versicherungsbeiträge sollen in eine pauschale Gesundheitsprämie umgewandelt werden, die auf Basis der zum Zeitpunkt der Erstellung des Konzepts (Jahr 2003) aktuellen Gesundheitsausgaben kalkuliert wurde. In der Berechnung wurden die Ausgaben der Krankenkassen saldiert und auf alle Versicherten umverteilt.[53] Die von der CDU veranschlagte Gesamtprämie beläuft sich auf eine Höhe von 200 Euro[54] monatlich und unterteilt sich in einen Grundbeitrag von 180 Euro und anteiligen 20 Euro als Vorsorgebeitrag. Der Grundbeitrag soll die Einnahmen der Krankenkassen auf heutigem Niveau sicherstellen, aus dem Vorsorgebeitrag eine kapitalgedeckte Altersrückstellung aufgebaut werden, die rechtlich durch die Bildung eines Sondervermögens vor dem Zugriff des Staates geschützt wird. Damit soll eine ausschließliche Verwendung für die Abfederung demografischer Belastungen sichergestellt sein.[55]

---

[52] Vgl. CDU Deutschland: Parteitagsbeschluss „Deutschland fair ändern" (2003), in: http://www.cdu.de/doc/pdf/03_12_01_Beschluss_PT_Deutschland_fair_aendern.pdf, S. 22f., 08.11.2007.

[53] Vgl. Pimpertz, J.: Solidarische Finanzierung der gesetzlichen Krankenversicherung – vom lohnbezogenen Beitrag zur risikounabhängigen Versicherungsprämie, a. a. O., S. 38.

[54] Die „Herzog-Kommission" geht von einer monatlichen Prämienhöhe von insgesamt 264 € aus.

[55] Vgl. CDU Deutschland: Parteitagsbeschluss „Deutschland fair ändern" (2003), a. a. O., S. 24.

Jeder Versicherte zahlt für den Versicherungsschutz diesen (kassenspezifischen) Einheits-
beitrag an seinen Versicherungsträger, unabhängig von seinem individuellen Alter, Einkommen, Geschlecht oder Krankheitsrisiko. Je nach Versicherungs- und Ausgabenstruktur
kann dieser Beitrag von Kasse zu Kasse variieren, da die Pauschalprämie, abweichend von
einer Einheitsversicherung, nicht zentral berechnet wird. Dieser Gestaltungsspielraum bei
der Beitragshöhe soll die Wettbewerbssituation zwischen den Kassen intensivieren. Die
daraus resultierenden Wanderungsbewegungen zum jeweils günstigsten Anbieter sollen
dazu führen, dass sich das Prämienniveau des Grundbeitrags auf einem Durchschnitt von
den errechneten 180 Euro einpendelt.[56]

Die Verpflichtung zum Angebot gesundheitsunabhängiger Versicherungspolicen macht die
Beibehaltung eines modifizierten RSA´s zwischen den Versicherungen unerlässlich, dessen genaue Ausgestaltung im CDU-Beschluss jedoch noch nicht fixiert wurde.[57] Die Prämienpflicht beschränkt sich auf Erwachsene über 18 Jahre. Kinder sind von der Zahlungs-
pflicht ausgenommen und für die Eltern beitragsfrei mitversichert. Zur Finanzierung der
Mitversicherung sieht das CDU-Konzept vor, dass die Kindergeldstelle für die veran-
schlagten Prämien für Kinder (jeweils 90 Euro monatlich) aufkommt. Bisher beitragsfrei
mitversicherte, nicht erwerbstätige Ehepartner unterliegen ebenfalls der Prämienpflicht, es
sei denn, sie können Zeiten der Kindererziehung oder Pflege von Familienangehörigen
nachweisen.[58]

Während einer vierjährigen Übergangszeit soll sichergestellt sein, dass kein Versicherter
finanziell schlechter gestellt ist als bei der derzeitigen Beitragshöhe. Nach dieser Übergangsphase wird die Gesamtprämienbelastung einschließlich des Vorsorgebetrags auf maximal 15 % des jeweiligen Bruttogesamthaushaltseinkommens festgeschrieben. Wird diese
Obergrenze bei Versicherten mit niedrigem Gesamteinkommen überschritten, greift ein
Sozialausgleich, der in Form eines individuellen Zuschusses zwischen Finanzamt und
Krankenversicherung erfolgt. Die Bedürftigkeit wird anhand des Einkommens-

---

[56]   Vgl. Pimpertz, J.: Solidarische Finanzierung der gesetzlichen Krankenversicherung – vom lohnbezogenen Beitrag zur risikounabhängigen Versicherungsprämie, a. a. O., S. 39.

[57]   Vgl. Allinger, H. J.: Bürgerversicherung und Kopfpauschale haben vieles gemeinsam, a. a. O.,
S. 6.

[58]   Vgl. Fröhler, N.: Bürgerversicherung oder Kopfpauschale, a. a. O., S. 4.

steuerbescheids des vorletzten Kalenderjahres und ohne Vermögensanrechnung geprüft.[59] Im Zusammenhang mit der von der CDU kalkulierten Prämienhöhe würde diese Belastungsobergrenze bedeuten, dass Alleinlebende mit einem Einkommen von bis zu etwa 1.330 Euro monatlich Anspruch auf den sozialen Ausgleich hätten, Verheiratete bis zu einem Monatseinkommen von etwa 2.660 Euro.[60]

Zudem sind Eingriffe in die paritätische GKV-Finanzierung geplant. Der bisherige Arbeitgeberanteil zur Krankenversicherung soll auf 6,5 % vom Bruttoeinkommen festgeschrieben werden und an die Arbeitnehmer zusammen mit dem Lohn oder Gehalt ausgezahlt werden. Somit unterliegt er der Besteuerung und der Beitragspflicht zu den übrigen Sozialleistungsträgern. Die hieraus generierten, jährlichen Steuermehreinnahmen zwischen 15 und 17 Mrd. Euro sollen für die Finanzierung der Prämienzahlungen für die Kinder ausreichen. Die darüber hinaus notwendigen Mittel für den Sozialausgleich[61] sollen über zusätzliche Steuermittel getragen werden, z. B. über Subventionsabbau oder einer geringeren Einkommensteuerabsenkung innerhalb der zum Zeitpunkt der Konzepterstellung geplanten Steuerreform.[62] Somit würden alle Bürger über das Steuersystem in die Finanzierung einbezogen, egal ob sie gesetzlich oder privat versichert sind.

3.2.1.2 Leistungsumfang und Wettbewerb

Die „Herzog-Kommission" regte in ihrem Bericht eine Herauslösung der Zahnbehandlungen, des Zahnersatzes und des Krankengeldes aus dem Leistungskatalog an, was ein Einsparvolumen von 20,9 Mrd. Euro im Jahr 2010 hätte.[63] Die CDU geht jedoch davon

---

[59]   Vgl. CDU Deutschland: Parteitagsbeschluss „Deutschland fair ändern" (2003), a. a. O., S. 25.
[60]   Vgl. Pfaff, A. u. a.: Finanzierung der GKV über Kopfpauschalen – Auswirkungen verschiedener Modellvorschläge, in: http://www.boeckler.de/pdf/pm_2004_12_7_pfaff_lang.pdf, S. 10, 11.11.2007.
[61]   Zur Höhe des voraussichtlichen Finanzierungsbedarfs macht die CDU keine Angabe.
[62]   Vgl. CDU Deutschland: Parteitagsbeschluss „Deutschland fair ändern" (2003), a. a. O, S. 26.
[63]   Vgl. Kommission „Soziale Sicherheit": Bericht zur Reform der sozialen Sicherungssysteme, in: http://www.bdi-initiativ-vitalegesellschaft.de/Bericht_Herzog-Kommission.PDF, S. 68f., 11.11.2007.

aus, dass der Leistungskatalog im vollen Umfang durch die kalkulierten Prämienerlöse abgedeckt und damit erhalten bleiben kann.[64]

Die Krankenkassen sollen verschiedene Versicherungstarife anbieten, aus denen sich der Versicherte den für sich günstigsten Tarif auswählen kann. Jeder Versicherte soll selbst darüber entscheiden können, ob er einen Standard-Krankenversicherungsschutz erhalten, gegen einen höheren Beitrag zusätzliche Leistungen absichern oder ob er durch eine höhere Selbstbeteiligung seinen Krankenkassenbeitrag reduzieren will. Durch diese Regelung soll im Zusammenspiel mit den sich in der Höhe differenzierenden Gesundheitsprämien der Wettbewerb unter den gesetzlichen Krankenkassen gefördert werden.[65]

Im ambulanten Behandlungsbereich soll Kostentransparenz durch eine Umstellung auf das Kostenerstattungssystem hergestellt werden, um Kostenbewusstsein zu fördern und Leistungsmissbrauch vorzubeugen. Darüber hinaus wird eine stärkere Verankerung der Präventionsanreize angestrebt. Die Teilnahme an regelmäßigen Vorsorgeuntersuchungen soll z. B. in Form von einem so genannten „Präventions-Bonus" belohnt werden, der Teile der Beiträge zurückerstattet.[66]

In allen Bereichen des Gesundheitswesens soll der Wettbewerb durch die Ausweitung der Vertragsfreiheit verstärkt werden, um dadurch eine effizientere und effektivere Leistungserbringung und damit verbundene Kostendämpfungen zu erreichen. Die deutsche Steuersystematik soll zukünftig den verminderten Mehrwertsteuersatz, der für Güter des Grundbedarfs gilt, auch für Arzneimittel anwenden, um weitere Einsparpotentiale[67] zu erschließen.[68]

---

[64]   Vgl. CDU Deutschland: Parteitagsbeschluss „Deutschland fair ändern" (2003), a. a. O, S. 24.

[65]   Ebd., S. 26f.

[66]   Ebd., S. 27f.

[67]   Lt. Berechnungen der „Herzog-Kommission besteht hierdurch im Jahr 2010 ein mögliches Einsparvolumen von rund 1,3 Mrd. €.

[68]   Vgl. CDU Deutschland: Parteitagsbeschluss „Deutschland fair ändern" (2003), a. a. O, S. 27ff.

3.2.2 Auswirkungen und Kritik

Die CDU strebt mit den dargestellten Ansätzen einen elementaren Systemwechsel in der GKV-Finanzierung an. Als Argumente für diese Reformoption führt sie drei wesentliche Punkte an, die durchaus ihre Berechtigung haben: [69]

1. Die Lohnnebenkosten werden erheblich sinken, wodurch sich das Nettoentgelt dem Bruttoentgelt annähert und somit illegale Beschäftigung („Schwarzarbeit") unattraktiver wird.
2. Alle Steuerzahler kommen für die Krankheitskosten der Kinder auf. Dadurch ist das Prämienmodell familienfreundlicher, weil Kinder aufgrund der Kinderfreibeträge im Steuersystem steuermindernd berücksichtigt werden.
3. Der soziale Ausgleich zieht nicht nur den GKV-Versichertenkreis sondern alle Steuerzahler nach ihrer Leistungsfähigkeit zur Finanzierung gesamtgesellschaftlicher Aufgaben heran.

Neben diesen angestrebten Umstellungseffekten bestehen weitere Vorteile und Chancen, aber auch Nachteile und Risiken, die für bzw. gegen eine Prämienfinanzierung nach CDU-Vorbild sprechen.

Ein großes Umsetzungsrisiko besteht in der bisher nicht eindeutig sichergestellten Finanzierung. Für das von der CDU propagierte Konzept mit einer prämienfreien Mitversicherung von Minderjährigen bei einer unterstellten Prämienbelastungsgrenze in Höhe von 15 % wäre für 2002 ein geschätztes Steuertransfervolumen in Höhe von insgesamt etwa 30 Mrd. Euro erforderlich gewesen. Durch die Besteuerung der ausgezahlten Arbeitgeberbeiträge würde sich ein Mehraufkommen der Einkommensteuer in Höhe von etwa 12 bis 14 Mrd. Euro ergeben. Demzufolge würde eine Deckungslücke von ca. 16 bis 18 Mrd. Euro für die öffentlichen Haushalte bestehen bleiben.[70] Die Finanzierung wäre somit zu einem erheblichen Teil von Haushaltszwängen abhängig und angesichts der öffentlichen Finanz-

---

[69]   Ebd., S .23ff.
[70]   Vgl. Jacobs, K. u. a.: Bürgerversicherung versus Kopfpauschale – Alternative Finanzierungsgrundlagen für die Gesetzliche Krankenversicherung, a. a. O., S. 26.

situation unsicher. Die Prämienzuschüsse müssten bei den jährlichen Haushaltsberatungen regelmäßig neu verhandelt und durchgesetzt werden.[71] Das Problem wird verschärft, wenn bei schwacher Konjunkturlage die Zahl der Zuschussberechtigten steigt, und somit ein höherer Betrag für den Sozialausgleich erforderlich wird. Bei einem gleichzeitigen Rückgang der Steuereinnahmen stellt die Steuerfinanzierung des Sozialausgleichs ein erhebliches finanz- und wirtschaftspolitisches Risiko dar.[72]

Nach Ansicht der CDU sorgt die Implementierung des kapitalgedeckten Vorsorgeanteils für eine Abmilderung der demografiebedingten Kostensteigerungen. Durch eine Teilkapitaldeckung können die Folgen des demografischen Wandels auf der Einnahmenseite zwar abgeschwächt, aber keinesfalls vollständig aufgefangen werden. Es erscheint höchst zweifelhaft, ob mit den geplanten 20 Euro monatlich eine erhebliche Demografiereserve aufgebaut werden kann.[73] Bei der PKV, die bereits über einen Kapitalstock in Milliardenhöhe verfügt, liegt der Anteil der Rückstellungen an den gesamten Beitragseinnahmen bei etwa einem Drittel. Da in der GKV zunächst ein Kapitalstock aufgebaut werden muss, würde ein mit 20 Euro an insgesamt 200 Euro Gesamtprämie nur zehnprozentiger Rückstellungsanteil voraussichtlich nicht ausreichend sein.[74]

Im Zuge der Auflösung der paritätischen Finanzierung würde ebenso die bisherige paritätische Selbstverwaltung entfallen. Ein Ausscheiden der Arbeitgeber hätte die Konsequenz, dass die gesamtgesellschaftliche Verantwortung der Sozialpartner für das Sozialversicherungssystem im Bereich der Krankenversicherung verloren gehen würde. Teile des Arbeitgeberlagers, wie z. B. Arzneimittel- und Medizinproduktehersteller könnten danach, ohne Ausgabensteigerungen bei den Arbeitskosten befürchten zu müssen, ihre Umsatzinteressen im Gesundheitswesen durchsetzen, was zu weiteren Kostensteigerungen der GKV führen

---

[71] Vgl. Ruiss, D. / Dietrich, G.: Bürgerversicherung und Kopfprämie - Reformoptionen im Vergleich, in: http://www.ikk.de/ikk/generator/ikk/unternehmen/politik-und-positionen/6460.pdf, S. 3, 15.11.2007.

[72] Ebd., S. 4.

[73] Vgl. Ruiss, D. / Dietrich, G.: Bürgerversicherung und Kopfprämie - Reformoptionen im Vergleich, a. a. O., S. 4.

[74] Vgl. Jacobs, K.: Kein Beschluss aus einem Guss, in: http://wido.de/fileadmin/wido/downloads/pdf_gesundheitssystem/wido_ges_jacobs_gg_0304.pdf, S. 6, 13.11.2007.

würde.[75] Andererseits könnte die Auflösung der paritätischen Selbstverwaltung aber auch positive Auswirkungen auf die Leistungserbringung und auf Innovationen im Gesundheitswesen haben. Der Druck der Arbeitgeber auf die Gesundheitspolitik im Zusammenhang mit der Lohnnebenkostendebatte würde abgebaut und die Kostendämpfungsfokussierung nicht mehr die Politik dominieren. Diese Abkehr kann nur durch die Abkoppelung der Kassenbeiträge von den Arbeitskosten erreicht werden.[76]

In diesem Zusammenhang sind von einer Abkoppelung auch langfristig positive Beschäftigungsentwicklungen zu erhoffen. Im Zeitpunkt der Umstellung auf eine Auszahlung der bisherigen Arbeitgeberanteile verändert sich die Gesamthöhe der Arbeitskosten nicht. Folglich sind hiervon zunächst keine Beschäftigungswirkungen zu erwarten. Zukünftige Lohnerhöhungen führen, wie im derzeitigen System, zu ansteigenden Arbeitskosten, weil die Lohnsteigerung an ein entsprechend höheres Bruttolohnniveau bemessen wird. Entscheidend ist jedoch, dass die unmittelbare Anbindung der GKV-Beiträge am Arbeitseinkommen aufgelöst wird und eine Expansion der Gesundheitskosten nicht mehr automatisch zu höheren Lohnzusatzkosten führt. Gleichzeitig verlieren aus Arbeitnehmersicht die GKV-Beiträge ihren Lohnsteuercharakter: Eine Erhöhung des Arbeitseinkommens hat keine unmittelbaren GKV-Beitragserhöhungen mehr zur Folge, wodurch die Grenzbelastungen sinken.[77] Diese beiderseitigen Effekte schaffen auf Arbeitgeberseite Anreize zum Erhalt oder auch zum Ausbau von Arbeitsplätzen und auf Arbeitnehmerseite Anreize zur Aufnahme sozialversicherungspflichtiger Tätigkeiten und auch zur Mehrarbeit.

Über die dadurch zu erwartenden Beschäftigungswirkungen kann aber nur spekuliert werden, denn etwaige Lohnnebenkostenentlastungen könnten wieder neutralisiert werden, in-

---

[75]   Vgl. Ruiss, D. / Dietrich, G.: Bürgerversicherung und Kopfprämie - Reformoptionen im Vergleich, a. a. O., S. 5.

[76]   Vgl. Wasem, J. / Greß, S.: Kopfprämien in der GKV – Eine Perspektive für die Zukunft?, in: http://www.arbeitnehmerkammer.de/Sozialpolitik/doku/02_politik/debatten/buergerversicherung/ 2003_05_00_wasemetal.pdf, S. 29, 14.11.2007.

[77]   Vgl. Rürup, B. / Wille, E.: Finanzierungsreform in der Krankenversicherung Gutachten 2004, in: http://www.arbeitnehmerkammer.de/Sozialpolitik/doku/02_politik/debatten/buergerversicherung/ 2004_07_15_ruerup_wille.pdf, S. 22, 16.11.2007.

dem Arbeitnehmer steigende Beitragsbelastungen im Zuge von Tarifverhandlungen über Lohnforderungen zu kompensieren versuchen. [78]

Die Befürworter des Prämienmodells halten die Übertragung des Sozialausgleichs an ein Steuertransfersystem für zielgerichteter, weil die GKV dadurch von sachfremden Umverteilungsaufgaben befreit wird. Ein höheres Maß an Verteilungsgerechtigkeit wäre dadurch gegeben, dass alle Einkommensarten und alle Steuerpflichtigen zur Finanzierung des Sozialausgleichs herangezogen werden. Es ist jedoch fraglich, ob bei der praktischen Umsetzung dieses Ziel erreicht wird. Durch die im Steuersystem für bestimmte Gruppen bestehenden Möglichkeiten, sich einer Besteuerung ganz oder zumindest teilweise zu entziehen, ist die Einbindung und Beteiligung aller Steuerpflichtigen nicht zwingend gegeben und wird evtl. konterkariert. [79]

Differenzierte Ansichten sind besonders bei den Verteilungs- und Belastungswirkungen der pauschalen Gesundheitsprämie anzutreffen. Nicht nur politische Gegner der CDU halten es für unsolidarisch und unsozial, wenn alle Versicherten einkommensunabhängig eine Einheitsprämie zahlen sollen. Sogar 57 %[80] der Unionsanhänger sind dieser Ansicht und werden dabei vom ehemaligen Bundesgesundheitsminister Horst Seehofer (CSU) unterstützt, der die Gefahr einer zusätzlichen Belastung der kleinen Einkommen sieht. Offizielle Berechnungen des Mannheimer Zentrums für europäische Wirtschaftsforschung (ZEW) widerlegen jedoch diese These. Die errechneten Verteilungswirkungen zeigen, dass eine Entlastung bereits ab einem Bruttoeinkommen von 1.300 Euro eintritt. Bei dieser Einkommenshöhe werden zum Berechnungszeitpunkt 2004 im bisherigen System 186 Euro (paritätisch getragen) Krankenkassenbeiträge fällig. Durch die Auszahlung des Arbeitgeberbeitrages erhöht sich das Entgelt auf 1.393 Euro und der vom Arbeitnehmer zu tragende Steuerbetrag steigt um 5,50 Euro. Der Einsparung in Höhe von sechs Euro (Differenz zwischen 186 Euro und der Prämie von 180 Euro) steht also eine Belastung von 5,50 Euro gegenüber, womit eine leichte Gesamtentlastung ermittelt werden kann. Diese Entlastung

---

[78]   Vgl. Ruiss, D. / Dietrich, G.: Bürgerversicherung und Kopfprämie - Reformoptionen im Vergleich, a. a. O., S. 3.

[79]   Ebd.

[80]   Vgl. Germis, C. / Scherff, D.: Die Gesundheitsprämie – Ein Wahlkampfschlager, in: http://www.faz.net/s/RubFC06D389EE76479E9E76425072B196C3/Doc~E7DC7AC034E8246D0 AF95AFD6070991B2~ATpl~Ecommon~Scontent.html, 18.11.2007.

steigt mit zunehmendem Einkommen kontinuierlich an. Bei einem Einkommen unterhalb von 1.300 Euro greift die Überlastungsklausel und somit der Sozialausgleich durch Steuersubventionen.[81]

Bei dieser Berechnung fällt jedoch auf, dass sie sich nur auf die Grundprämie bezieht und die Vorsorgeprämie nicht berücksichtigt. Bezieht man diese Position mit ein, ergibt sich bei einer Einkommenshöhe von 1.300 Euro eine negative finanzielle Gesamtwirkung. Eine Modellrechnung vom Internationalen Institut für Empirische Sozialökonomie (INFES)[82] kam 2004 zu dem Ergebnis, dass für einen Erwachsenen ab einem monatlichen Monatseinkommen von über 1.500 Euro die Gesundheitsprämie niedriger als bei der derzeitigen einkommensunabhängigen Regelung wäre (bei Zusammenfassung der Arbeitgeber- und Arbeitnehmerbeiträge). Analog dazu würde diese Wirkung bei einem Ehepaar mit oder ohne Kinder ab einem Bruttoeinkommen von 3.000 Euro eintreten.[83] Dieser Effekt wird in Abbildung 3.3 verdeutlicht.

Abb. 3.3: Vergleich: Status-quo-Beitragshöhe nach Einkommen und Prämienhöhe

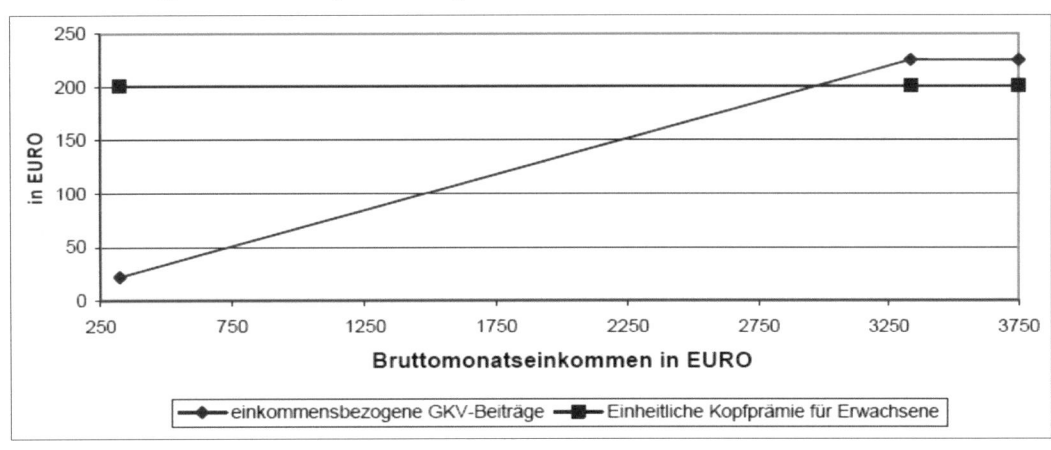

Anmerkungen: Rechenbasis: Jahr 2001, einkommensbezogene Beiträge: nur Arbeitnehmeranteil

Quelle: Pfaff, A. u. a.: Kopfpauschalen zur Finanzierung der Krankenversicherungsleistungen in Deutschland, in: http://www.wiwi.uni-augsburg.de/vwl/institut/paper/246.pdf, S. 22, 18.11.2007.

---

[81]   Ebd.
[82]   Das INFES kalkulierte mit einer monatlichen Prämie in Höhe von 201 Euro.
[83]   Vgl. Pfaff, A. u. a.: Kopfpauschalen zur Finanzierung der Krankenversicherungsleistungen in Deutschland, a. a. O.

Grundsätzlich lässt sich feststellen: Liegt die zumutbare Belastung oberhalb des derzeitigen beitragswirksamen[84] GKV-Prozentsatzes, kommt es ceteris paribus bereits bei der reinen Beitragszahlung zu einer zusätzlichen Belastung von Versicherten mit niedrigem Einkommen im Vergleich zum Status quo.[85] Da die Belastungsgrenze lt. CDU-Modell diese Bedingung erfüllt, ist von einer Belastung der geringen Einkommen auszugehen. Darüber hinaus entstehen zur Finanzierung der zusätzlichen Staatsbelastungen durch den Sozialausgleich so genannte „umstellungsinduzierte Mehrbelastungen", die unabhängig von der zu implementierenden Steuererhöhungsart zu Mehrbelastungen der Bevölkerung führen. Die finanzielle Gesamtwirkung der Umstellung kann sich in diesem Zusammenspiel also durchaus auch als negativ herausstellen bzw. potenzieren.[86]

Als letztes Kriterium soll die Auswirkung auf den Bürokratieaufwand im Rahmen einer pauschalen Prämie mit Sozialausgleich betrachtet werden. Auf der einen Seite würde sich der RSA vereinfachen und im Volumen reduzieren lassen, weil Unterschiede der Grundlöhne der einzelnen Versicherungsstrukturen der Versicherer nicht mehr als Bestimmungsgrößen der Transferströme im RSA fungieren würden. Andererseits erfordert die individuelle Ermittlung und Bedürftigkeitsprüfung des Sozialausgleichs einen viel komplexeren und umfangreicheren Verwaltungsaufwand, als dies im jetzigen RSA der Fall ist.[87] Die Mehrkosten für diese so genannten Vollzugskosten lassen sich aus den Zahlen des schweizerischen Kopfprämienmodells ableiten: Auf Basis von fünf Kantonen errechnen sich hier pro Subventionsbezieher durchschnittliche gewichtete Vollzugskosten in Höhe von 18,4 Schweizer Franken. Bezogen auf die in Deutschland geschätzte Zahl von 35,7 Mio. GKV-Subventionsempfängern wäre bei ähnlichen Kostenstrukturen in Deutschland mit Abwicklungskosten für ein Sozialausgleichsystem in Höhe von rund 434 Mio. Euro zu rechnen.[88]

---

[84] Diese liegt knapp ein Prozentpunkt unterhalb des durchschnittlichen Beitragssatzes der GKV, weil der Arbeitgeberanteil nicht beitragspflichtig ist und damit nur gut 93% des Gesamtlohns verbeitragt werden.

[85] Vgl. Rothgang, H. u. a.: Kopfprämienmodelle in der GKV – lohnt sich ein Systemwechsel?, in: http://www.uni-essen.de/fb5/pdf/140.pdf, S. 68, 19.11.2007.

[86] Albrecht, M. u. a.: Stabilisierung der Finanzierungsbasis und umfassender Wettbewerb in einem integrierten Krankenversicherungssystem, in: http://www.iges.de/leistungen/ finanzierung__gesetzgebung/finanzierungsreform/index_ger.html,, S. 42, 20.11.2007.

[87] Vgl. Jacobs, K. u. a.: Bürgerversicherung versus Kopfpauschale – Alternative Finanzierungsgrundlagen für die Gesetzliche Krankenversicherung, a. a. O., S. 29.

[88] Vgl. Pfaff, A. u. a.: Kopfpauschalen zur Finanzierung der Krankenversicherungsleistungen in Deutschland, a. a. O., S. 53.

3.3 Privatmodell

Der Ansatz eines Privatmodells in der Krankenversicherung findet seinen Ursprung in den wirtschaftsliberalen Kreisen Deutschlands. Bei der Entwicklung dieser Reformoption spielte der „Kronberger Kreis" eine zentrale Rolle. Er wurde 1982 auf Initiative von Wolfram Engels, ehemaliger Herausgeber der Wirtschaftswoche, gegründet und besteht aus namhaften Wirtschafts- und Juraprofessoren. Als wissenschaftlicher Beirat der „Stiftung Marktwirtschaft" liefert der „Kronberger Kreis" Antworten auf wichtige Herausforderungen der deutschen und europäischen Wirtschaftspolitik und ist dabei häufig Vordenker und Impulsgeber für notwendige Reformen.[89] In der Gesundheitspolitik tritt er für einen marktwirtschaftlichen Umbau des Gesundheitssystems ein. Im Jahr 2002 entstand die Studie „Mehr Eigenverantwortung und Wettbewerb im Gesundheitswesen", in der anhand von 14 Eckpunkten ein radikaler Umbau des bisherigen Systems propagiert wurde. Auf politischer Ebene zählt die FDP zu den Befürwortern dieser Neuausrichtung der Krankenversicherung. Ihre Vision eines privaten Krankenversicherungsschutzes mit sozialer Absicherung für alle[90] stimmt mit den Thesen der Kronberger Kreis-Studie in den wesentlichen Punkten überein.

3.3.1 Kronberger Kreis-Konzept

Das Privatmodell verfügt über eine grundsätzliche Ähnlichkeit mit dem dargestellten Prämienmodell, geht jedoch in einigen Punkten über dessen Regelungen hinaus. Gemeinsamkeiten sind in folgenden Elementen zu erkennen: [91]

---

[89]   Vgl. Stiftung Marktwirtschaft; Kronberger Kreis, in: http://www.kronberger-kreis.de, 18.11.2007.

[90]   Vgl. FDP Deutschland: Die liberale Gesundheitsreform mit Langzeitwirkung - Aktionspaket, in: http://www.fdp-bundespartei.de/files/957/Aktionspaket_Gesundheit.pdf, S. 11, 20.11.2007.

[91]   Eeckhoff, J. u. a.: Privatversicherung für alle – Ein Zukunftsmodell für das Gesundheitswesen, in: http://www.stiftung-marktwirtschaft.de/module/Argument92.pdf, S. 7ff., 22.11.2007.

- Einführung einer einkommensunabhängigen Prämie.
- Teilkapitaldeckung durch Altersrückstellungen.
- Zuschüsse aus öffentlichen Mitteln für Versicherte mit geringem Einkommen.
- Arbeitgeberbeitrag wird als Lohnbestandteil steuerwirksam ausgezahlt.

Die Versicherungspflicht soll sich jedoch, abweichend vom CDU-Konzept, auf die gesamte Bevölkerung erstrecken. Hiezu wird die Trennung zwischen PKV und GKV aufgehoben und der gesamte Versicherungsmarkt privatisiert. Die Pflicht zur Versicherung soll sich nur auf eine Mindestversicherung beziehen. Diese Mindestversicherung sichert die medizinisch unbedingt notwendigen Leistungen ab, die in etwa den derzeitigen GKV-Leistungskatalog, evtl. vermindert um zahnärztliche Leistungen und Krankengeld, umfassen sollen. Darüber hinausgehende Leistungen können freiwillig über Wahltarife versichert werden. Zusätzlich hierzu soll ein nach oben begrenzter, prozentualer Selbstbehalt an den Gesundheitskosten eingerichtet werden. Durch diese Kostenbeteiligung soll erreicht werden, dass Versicherungsleistungen nur dann beansprucht werden, wenn sie auch erforderlich sind und dass sich der Versicherte um kostengünstige Arzneimittel und Behandlungen bemüht. [92]

Die Prämien zur Mindestversicherung werden nicht einheitlich und pauschal angesetzt sondern personenbezogen. Sie werden risikoäquivalent differenziert nach Alter, Geschlecht und Gesundheitszustand bei Versicherungseintritt. Kinder werden ab der Geburt in den Tarif der Eltern aufgenommen, jedoch unabhängig vom Gesundheitszustand. Die Beitragsfreiheit der Kinder sowie der bisher prämienfrei mitversicherten Ehegatten wird abgeschafft. [93]

Für Versicherte, die ihre Prämie und den Selbstbehalt nicht tragen können, werden staatliche Zuschüsse bereitgestellt (analog zum Prämienmodell). Für Mitglieder ohne Einkommen werden die Zahlungen über die Sozialhilfe oder im Rahmen des Arbeitslosengeldes II

---

[92]   Ebd., S. 5ff.
[93]   Vgl. Sachverständigenrat Wirtschaft: Jahresgutachten 2005; 5. Kapitel: Kranken- und Pflegeversicherung, in: http://www.verdi.de/sozialpolitk/ dokumentenablage_fuer_verlinkungen_bereich_sopo2/ dokumente_gesundheitspolitk_buergerversicherung/ data/sachverstaendigenrat_wirtschaft_jahresgutachten_2005, S. 37, 22.11.2007.

geleistet. Steuerpflichtige Geringverdiener, deren Versicherungs-belastungen über eine noch nicht näher definierte Belastungsobergrenze liegen, sollen einen erhöhten Steuerfreibetrag erhalten, um die Mehrbelastungen neutralisieren zu können.[94]

Die kapitalgestützten Beitragsbestandteile sollen neben einem typisierten (durchschnittlichen) Rückstellungsbestandteil ebenfalls über eine individualisierte, also am personenbezogenen Krankheitsrisiko ausgerichtete, Komponente verfügen.[95] Die angehäuften Altersrückstellungen sind dadurch ebenfalls personalisierbar und werden dem Versicherten individuell zugerechnet. Demzufolge findet auch kein intergenerativer Lastenausgleich von jung zu alt statt: Die Erwerbstätigen können im Ruhestand jeweils auf ihren eigenen Kapitalstock zurückgreifen, um ihren eigenen altersbedingten Ausgabenanstieg zu finanzieren. Außerdem ermöglicht diese Regelung eine Mitnahme der Ansprüche bei einem Kassenwechsel, die so genannte Portabilität.[96] Hierdurch erwarten sich die Konzepersteller eine größere Versichertenmobilität i. V. m. einem intensivierten Wettbewerb unter den Versicherungsunternehmen.

Da Versicherte mit hohen gesundheitlichen Risiken hohe Rückstellungen und demgegenüber Versicherte mit geringen Risiken entsprechend geringe Rückstellungen zugewiesen bekommen, kann die Prämie bei einem Wechsel zu einer anderen Versicherung in etwa gleich bleiben. Die leistungsbezogenen Prämien und Alters-rückstellungen ermöglichen in diesem Privatmodell eine langfristige, ersatzlose Ab-schaffung des RSA, da eine Risikoselektion seitens der Versicherungen in diesem System keine monetären Vorteile hervorrufen würde.[97]

Die Abrechnung der medizinischen Leistungen soll ebenfalls reformiert werden. Das bisher in der GKV bestehende Sachleistungsprinzip soll flächendeckend von dem PKV-System der Kostenerstattung abgelöst werden. Der Versicherte erhält aus Informations-

---

[94] Eeckhoff, J. u. a.: Privatversicherung für alle – Ein Zukunftsmodell für das Gesundheitswesen, a. a. O., S. 8.

[95] Abweichend vom FDP-Konzept, welches weder bei den Altersrückstellungen noch bei den Prämien individualisierte Komponenten vorsieht.

[96] Vgl. Pimpertz, J.: Solidarische Finanzierung der gesetzlichen Krankenversicherung – vom lohnbezogenen Beitrag zur risikounabhängigen Versicherungsprämie, a. a. O., S. 47f.

[97] Eeckhoff, J. u. a.: Privatversicherung für alle – Ein Zukunftsmodell für das Gesundheitswesen, a. a. O., S. 7f.

und Transparenzgründen die Rechnung des Leistungserbringers, muss aber nicht in Vorleistung treten (abweichend zur PKV-Regelung), sondern reicht das Dokument innerhalb einer Zahlungsfrist zur Begleichung an seine Versicherung weiter. Die freie Wahl des Leistungserbringers bleibt erhalten, jedoch erhalten Versicherte, die ihre Leistungen ausschließlich von Ärzten und Krankenhäusern beziehen, die einen Leistungsvertrag mit der entsprechenden Krankenkasse abgeschlossen haben, einen preisgünstigeren Versicherungstarif. Jeder Arzt und jedes Krankenhaus soll den Versicherern Leistungen oder Leistungspakete anbieten und darüber Verträge abschließen können. Durch diesen hohen Grad an Vertragsfreiheit und Freiheit der Berufsausübung sollen zukünftig auch Zulassungen für Ärzte entfallen.[98]

Ein weiterer radikaler Schritt betrifft die Krankenhäuser: Die bisherige duale Finanzierung über Landes- und Kassenmittel soll aufgegeben werden. Zukünftig soll die Krankenhausfinanzierung allein von den Gebührensätzen der erbrachten Leistungen getragen werden.

3.3.2 Auswirkungen und Kritik

Aufgrund der teilweisen Gemeinsamkeiten mit dem Prämienmodell sind bezogen auf die Entkoppelung der Arbeitskosten von den Gesundheitsausgaben und auf die Verteilungswirkungen ähnliche Beurteilungen zu treffen.

Abweichend davon würde eine Abschaffung der Prämienfreiheit für Minderjährige einerseits durch die Verminderung des Steuermittelbedarfs die Finanzierung erleichtern, andererseits aber Familien mit Kindern zusätzlich belasten. Diesem Nachteil kann entgegengehalten werden, dass die Krankenversicherung nicht für familienpolitische Ziele missbraucht werden sollte. Die im CDU-Modell angesetzte, halbierte Prämie würde den im Privatmodell auf Marktpreise, also leistungsgerechten Prämien, ausgerichteten Ansatz konterkarieren. Dieses hätte einen behinderten Wettbewerb und wiederum Risikoselektion zur Folge, weil die Versicherer schlechte Risiken, in diesem Falle Familien mit Kindern, meiden

---

[98]   Ebd., S. 8f.

würden. Die Übernahme der Prämienzahlungen für Kinder durch den Staat würde andererseits gegen das Prinzip verstoßen, dass nur Versicherte, die ihre Prämie nicht zahlen können, Unterstützung brauchen. Durch die Staatsfinanzierung würden, ähnlich wie bei der aktuellen Kindergeldregelung, auch Besserverdienende profitieren.[99]

Der größte Kritikpunkt an einem wie beschrieben ausgestalteten Privatmodell ist jedoch die risikoäquivalente Prämien- und Rückstellungsgestaltung. Kritiker sehen, wie auch schon bei dem Prämienmodell angemerkt, das Solidarprinzip durch die Bemessung nach Risiken verletzt. Anders als im Prämienmodell wird nicht nur die Solidarität zwischen wohlhabenden und armen Bevölkerungsteilen durch die einkommensunabhängigen Beiträge beschränkt sondern gleichzeitig sowohl die Solidarität zwischen Gesunden und Kranken als auch zwischen Jungen und Alten. Die beiden erstgenannten Solidaritätsgebiete werden jedoch lediglich vom Krankenversicherungs- ins Steuersystem verlagert und durch den Sozialausgleich berücksichtigt. Die altersbezogene Generationensolidarität, die im Status-quo-System die Lasten der demografischen Entwicklung auf die jungen Versicherten verteilt, wird durch die risikoadjustierten Beitragskomponenten verschoben. Jüngere Versicherte können ihr lebenslanges Prämienniveau verglichen mit älteren Versicherten deutlich senken, denn sie haben einen längeren Zeitraum, in dem sie unterdurchschnittliche Ausgaben verursachen. Gleichzeitig hat dies, je nach Zeitraum und Umfang der Übergangsphase ins Kapitaldeckungsverfahren, eine höhere durchschnittliche Prämienbelastung älterer Versicherter zur Folge. Durch diese Regelung entfällt jedoch nicht der Solidaritätsgrundsatz sondern er wird lediglich auf Versicherte jeweils eines Jahrgangs beschränkt. Somit wird in diesem Konzept nicht die Solidarität ausgehebelt, sondern eine neue, verursachungsgerechte Verteilungsentscheidung über die unvermeidbaren, demografisch bedingten Lasten getroffen.[100]

Das Privatmodell stärkt mit den Selbstbehalten und der Grundversicherung mit Zusatzversicherungsoptionen die Eigenverantwortung und das Kostenbewusstsein der Versicherten (auch im Zusammenspiel mit dem Kostenerstattungsprinzip). Einer Überlastung sozial

---

[99]   Eeckhoff, J. u. a.: Privatversicherung für alle – Ein Zukunftsmodell für das Gesundheitswesen, a. a. O., S. 10, 20.

[100]   Vgl. Pimpertz, J.: Solidarische Finanzierung der gesetzlichen Krankenversicherung – vom lohnbezogenen Beitrag zur risikounabhängigen Versicherungsprämie, a. a. O., S. 48f.

Schwacher wird mit den Staatszuschüssen vorgebeugt, obwohl die genaue Definition der Belastungsregeln noch nicht vorgelegt wurde. Durch die Einbeziehung aller Bürger in das Modellvorhaben wird sogar ein Element der Bürgerversicherung übernommen, um die Finanzierung auf eine breitere Basis als bisher zu stellen. Die einzelvertraglichen Freiheiten zwischen Kassen und Leistungserbringern würden in der Sparte der medizinischen Versorgung einen intensiven Wettbewerb auslösen, der die Ausschöpfung von Sparpotentialen und Qualitätsreserven vorantreibt.[101] Bedenken bestehen jedoch bei der Abschaffung der dualen Krankenhausfinanzierung, die zu einer verstärkten Finanzierungsproblematik im Krankenhaussektor führen könnte.

3.4 Niederländisches Gesundheitssystem

Das niederländische Krankenversicherungssystem wurde in der Vergangenheit mit ähnlich prekären und zukunftsunsicheren Entwicklungen wie die deutsche GKV belastet[102]. Aufgrund von Kostensteigerungen, Ineffizienzen in den Leistungsstrukturen und vor allem der demografischen Entwicklung war die Finanzierbarkeit und damit die Sicherstellung der bedarfsgerechten, solidarischen Krankenbehandlung bedroht. Im Jahr 2004 betrug der Anteil der Gesundheitsausgaben, gemessen am niederländischen BIP, fast 9,2 %. Im internationalen Vergleich der OECD-Rankings nahmen die Niederlande damit den sechsten Platz hinter den USA, der Schweiz, Deutschland, Frankreich und Österreich ein. Ohne Kurskorrektur und unter Berücksichtigung der Altersstruktur der Bevölkerung drohte der Anteil lt. Prognose des Gesundheitsministers Hans Hoogervorst innerhalb von drei Jahrzehnten auf 55 % zu steigen.[103]

Angesichts dieser Zahlen musste eine einschneidende Gesundheitsreform entwickelt werden, in dessen Fokus die Dämpfung dieser Kostenentwicklung steht. Das vor diesem Hin-

---

[101] Vgl. Pimpertz, J.: Den Kollaps vermeiden – eine Therapie für das deutsche Gesundheitswesen, a. a. O., S. 20f.

[102] Vgl. Kapitel 2.1.1.

[103] Vgl. Terhorst, T.: Gesundheitsreform 2006 in den Niederlanden – Kapitel 3, in: http://www.uni-muenster.de/HausDerNiederlande/Zentrum/Projekte/NiederlandeNet/Dossiers/geundheitsreform2006_ziekenfondswet.html, 23.11.2007.

tergrund verabschiedete Modell wurde zum 01. Januar 2006 in den Niederlanden einge-führt und stellte die größte und umfangreichste Gesundheitsreform in der Geschichte des Landes dar.[104]

3.4.1 Gesundheitsreform 2006

Die niederländische Regierung hat mit ihrer Reform sowohl die Einnahmeseite ummodel-liert als auch für mehr Wettbewerb gesorgt. Die Kernelemente bestehen aus der Einfüh-rung eines Basis-Leistungspakets, einer einkommensunabhängigen Gesundheitsprämie für Versicherte und der Umwandlung der sozialen Krankenkassen in privatrechtliche Organi-sationen.[105]

Die Basisversicherung muss im Zuge der allgemeinen Versicherungspflicht von jedem Niederländer abgeschlossen werden. Dafür zahlen alle Versicherten eine einkommensu-nabhängige Prämie, die sich in einer Größenordnung von etwa 92 Euro pro Monat bewegt. Sie ist pauschal und unabhängig vom Alter, Geschlecht und Gesundheitszustand kalkuliert und kann zwischen den Kassen in ihrer Höhe variieren.[106]

Geringverdiener[107] oder Arbeitslose erhalten staatliche Prämienzuschüsse, nicht erwerbstä-tige Kinder unter 18 Jahren werden ebenfalls aus Steuermitteln finanziert. Der Arbeitgeber beteiligt sich mit einem einkommensabhängigen Anteil am Bruttolohn in Höhe von 6,5 %[108], der in einen Gesundheitsfonds fließt. Selbstständige zahlen neben der Pauschale einen verminderten Arbeitgeberbeitrag von 4,4 %. Die Beitragssätze werden jährlich pro-spektiv durch das Gesundheitsministerium festgelegt. Die Versicherungsleistungen wer-

---

[104]   Vgl. Kazmierczak, L.: Eine Krankenversicherung für alle Niederländer, in:
        http://www.tagesschau.de/ausland/meldung142488.html, 23.11.2007.
[105]   Vgl. Brouwer, W. / Rutten, F.: Die Gesundheitsreform in Holland, in: http://www.pfizer.de/pdf/
        unternehmen/themen_und_infos/holland.pdf, S. 4, 24.11.2007.
[106]   Vgl. Schulze Ehring, F.: Die niederländische Gesundheitsreform 2006 aus deutscher Sicht, in:
        http://www.private-krankenversicherung.de/downloads/niederlaendische-gesundheitsreform-
        2006.pdf, S. 2, 23.11.2007.
[107]   Jahreseinkommen unter 25.068 € (Familien: unter 40.120 €).
[108]   Bis zu einer Bemessungsgrenze von 30.015 € pro Jahr.

den, wie bisher auch, ohne kapitalgedeckte Elemente über das Umlagesystem finanziert. Die Basisversicherung umfasst nur grundlegende, staatlich definierte Leistungen wie die ambulante Versorgung mit eingeschränkter Arztwahl, bestimmte Arznei- und Hilfsmittel, Krankenhausbehandlung und Krankentransport, ambulante Rehabilitation und beschränkte zahnmedizinische Leistungen.[109] Darüber hinausgehende Leistungen können in Form von privaten Zusatzversicherungen abgedeckt werden.

Die gesamte Versicherungslandschaft wurde privatisiert. Dadurch konkurrieren nun auch ehemals öffentlich-rechtliche Versicherungsträger unter marktwirtschaftlichen Bedingungen um die Versicherten. Zur staatlichen Regulierung und Sicherstellung des Wettbewerbs agieren funktional gegliederte Aufsichtsbehörden (u. a. die Nationale Wettbewerbsbehörde).[110] Für alle Versicherer herrscht beim Basisversicherungstarif Kontrahierungszwang, d. h., sie sind zur Vertragsannahme mit jedem Bürger verpflichtet. Um die dadurch evtl. entstehenden, über die Kassen unausgewogen verteilten Risikostrukturen des Versicherten-stamms monetär auszugleichen, blieb der morbiditätsorientierte RSA erhalten. Die risiko-adjustierte Umverteilung erfolgt über den Gesundheitsfonds.[111]

Den Krankenversicherern werden schrittweise mehr Möglichkeiten bei der Versorgungs-steuerung eingeräumt. Prinzipiell soll in allen Versorgungsbereichen die Möglichkeit ge-schaffen werden, selektive Verträge mit Leistungsanbietern abzuschließen. Für eine Über-gangszeit bleiben aber zunächst in bestimmten Bereichen Kollektivverträge erhalten.[112]

Um die Eigenverantwortung zu stärken, können die Niederländer einen Selbstbehalt von bis zu 500 Euro jährlich wählen, und damit ihre Prämie senken. Nimmt ein Versicherter ein Jahr lang keine Leistungen in Anspruch, erhält er bis zu 255 Euro zurück. Die Kosten für Arzneimittel werden in Höhe eines Durchschnittspreises für wirkstoffgleiche Präparate

---

[109]   Lass, K.: Die Gesundheitsreform in den Niederlanden – Ein Vorbild für Deutschland?, in: http://library.fes.de/pdf-files/id/03896.pdf, S. 2, 23.11.2007.

[110]   Vgl. Wasem, J. u. a.: Krankenversicherungsreform in den Niederlanden – Vorbild für einen Kom-promiss zwischen Bürgerversicherung und Pauschalprämie in Deutschland?, in: http://www.uni-due.de/wiwi-essen/pdf/150.pdf, S. 17, 24.11.2007.

[111]   Vgl. Schulze Ehring, F.: Die niederländische Gesundheitsreform 2006 aus deutscher Sicht a. a. O., S. 2f.

[112]   Vgl. Wasem, J. u. a.: Krankenversicherungsreform in den Niederlanden – Vorbild für einen Kom-promiss zwischen Bürgerversicherung und Pauschalprämie in Deutschland?, a. a. O., S. 24.

von den Kassen beglichen. Mehrkosten müssen privat von dem Patienten getragen werden. Wer günstigere Arzneien nutzt, erhält dagegen die Differenz zum Durchschnittspreis. Des Weiteren besteht seit dem 01. Januar 2006 eine Wahlfreiheit zwischen dem Kostenerstattungs- und Sachleistungsprinzips.[113]

Die Versicherten können zudem zwischen Einzelverträgen und Gruppenverträgen wählen. Anbieter von Gruppenverträgen können Arbeitgeber, Gewerkschaften, Sportvereine oder Patientenvereinigungen sein. Voraussetzung für das Angebot von Gruppenverträgen ist, dass jedes Mitglied der jeweiligen Gruppe auch einen anderen Krankenversicherer wählen kann. Die Versicherer dürfen bei den einkommensunabhängigen Beiträgen für Gruppenverträge einen Rabatt von bis zu zehn Prozent im Vergleich zum Einzelvertragsbeitrag gewähren. Diese Absenkung soll durch Einsparungen bei den Verwaltungskosten realisiert werden.[114]

3.4.2 Auswirkungen und Kritik

Die niederländische Regierung hat mit der mutigen und umfassenden Gesundheitsreform auf die bedrohlichen und zukunftsunsicheren Entwicklungen im Gesundheitswesen reagiert. Bestimmte Elemente, vor allem die neuen vertraglichen Freiheiten der Versicherer in den Beziehungen mit den Leistungserbringern, sind langfristig angelegt, sodass hierbei größtenteils noch keine signifikanten Veränderungen zu erkennen sind. Jedoch lassen sich Tendenzen in erster Linie bei den finanziellen Auswirkungen ausmachen.[115]

Vor der Gesundheitsreform betrug der Staatszuschuss zur gesetzlichen Krankenversicherung rund 3,8 Mrd. Euro. Im Jahr der Reformierung leistete der niederländische Staat Sub-

---

[113]   Vgl. Institut der deutschen Wirtschaft Köln: Niederländische Krankenversicherung- Auf Wettbewerb gesetzt, in: http://www.iwkoeln.de/
default.aspx?p=pub&i=1817&n=lastpub2&m=pub&f=4&a=18856, 24.11.2007.

[114]   Vgl. Wasem, J. u. a.: Krankenversicherungsreform in den Niederlanden – Vorbild für einen Kompromiss zwischen Bürgerversicherung und Pauschalprämie in Deutschland?, a. a. O, S. 22.

[115]   Vgl. Becker, Ann-Katrin: Das niederländische Gesundheitsministerium – unser Nachbar ganz fern, in: http://gesundheitspolitik.verdi.de/internationales/
gesundheitsreformen_auch_in_den_nachbarlaendern/niederlande, 26.11.2007.

ventionen für niedrige Einkommen in Form des Staatszuschusses in Höhe von 2,2 Mrd. Euro und für die Finanzierung der Kinderbeiträge rund 1,6 Mrd. Euro. Damit blieb der Zuschuss konstant bei 3,8 Mrd. Euro. Die Gesundheitsreform hatte somit einen für den Staatshaushalt neutralen Finanzierungseffekt.[116] Bei dieser Berechnung sind allerdings die finanziellen Auswirkungen für mehrere Maßnahmen nicht berücksichtigt, die negative Einkommenseffekte verhindern sollten. Dazu zählt neben der Senkung der Unternehmenssteuer auch die Erhöhung des Kindergelds. Es bleibt abzuwarten, wie sich die Belastung des niederländischen Staatshaushaltes bei steigenden Gesundheitsausgaben und steigender Anspruchsberechtigtenzahl für den Gesundheitszuschuss auswirken wird.

Auch die Arbeitgeber werden nicht stärker als bisher belastet. Entlastungen entstanden durch die Absenkung des Arbeitgeberbeitrages von 6,75 % auf 6,5 % und der Verminderung der Unternehmenssteuern. Belastungen wurden durch die Arbeitgeberbeiträge für die ehemals privat Versicherten verursacht. Per saldo neutralisieren sich diese Be- und Entlastungen, sodass die Reform durchschnittlich betrachtet keine Auswirkungen auf die Arbeitskosten hatte.[117]

Die finanziellen Auswirkungen auf die Versicherten sind überwiegend positiv zu beurteilen. Insgesamt gesehen wurden rund 80 % der niederländischen Privathaushalte durch die Reform entlastet, wodurch ein Kaufkraftzuwachs von 1,5 % entstand.[118] Die restlichen 20 % wurden eher belastet, vor allem Familien mit mittlerem Einkommen, da hier der Gesundheitszuschuss nicht zur Anwendung kommt und die relativ hohen Kopfprämien allein getragen werden müssen.[119]

Hinsichtlich der Versichertenmobilität, also der Wechselfreudigkeit unter den verschiedenen Krankenkassen, lässt sich bisher ebenfalls ein positives Urteil bilden. Nach Inkrafttreten der Reform hatten alle Versicherten bis Ende April 2006 Zeit, ihren Versicherer zu

---

[116]   Vgl. Wasem, J. u. a.: Krankenversicherungsreform in den Niederlanden – Vorbild für einen Kompromiss zwischen Bürgerversicherung und Pauschalprämie in Deutschland?, a. a. O , S. 24.

[117]   Ebd., S. 26.

118.   Vgl. Becker, Ann-Katrin: Das niederländische Gesundheitsministerium – unser Nachbar ganz fern, a. a. O.

119.   Vgl. Wasem, J. u. a.: Krankenversicherungsreform in den Niederlanden – Vorbild für einen Kompromiss zwischen Bürgerversicherung und Pauschalprämie in Deutschland?, a. a. O., S. 15.

wechseln, was von 21 % der Versichertengesamtzahl genutzt wurde. Weitere 14 % haben innerhalb ihres bisherigen Versicherungsanbieters den Tarif gewechselt. Ausschlaggebend für einen Wechsel waren attraktive Gruppenverträge, die Höhe der Prämie und die Ausgestaltung der Zusatzversicherungen. Mit einem Anteil von 95 % an der gesamten Versichertenzahl werden private Zusatzversicherungen nahezu flächendeckend genutzt.[120]

Demzufolge wurde eine starke Wettbewerbsdynamik auf dem Versicherungsmarkt ausgelöst. Diese Dynamik lässt sich vor allem in der Höhe der Gesundheitspauschale ablesen. Prognosen des Gesundheitsministeriums gingen von 92 Euro monatlich aus, in der Realität belief sich die Pauschale jedoch auf ein um 6 % niedrigeres Niveau (87 Euro monatlich). Dieser niedrige Satz war das Ergebnis eines harten Wettbewerbs um Neukunden, bei dem die Basisversicherung teilweise sogar unter Selbstkostenpreis angeboten wurde. Als Folge daraus haben bereits Mitte des Jahres 2006 mehrere Versicherer angedeutet, die Pauschale mittelfristig zu erhöhen.[121] Die Wettbewerbsdynamik hat andererseits auch einen erhöhten Kostendruck auf der Leistungserbringerseite ausgelöst, denn durch die ausgebaute Vertragsfreiheit sind die Kassen theoretisch in der Lage, einem Krankenhaus einen Vertragsabschluss zu verweigern, wenn dieses nicht effiziente und kostengünstige Leistungen erbringt.

Eine Lösung für das demografische Problem wurde mit der Beibehaltung der Umlagefinanzierung nicht gefunden. Daraus sind mittel- und langfristige Kostensteigerungen und damit Prämienerhöhungen oder eine Kürzung des Leistungskataloges in der Basisversicherung absehbar.

Dennoch lässt sich ein positives Urteil über die bisherigen Wirkungen des niederländischen Reformwegs bilden, der die hierzulande sich bisher als unversöhnlich gegenüberstehenden Modelle der Bürgerversicherung und des Prämienmodells miteinander verbunden hat. Damit wurde in unserem Nachbarland eine gute Diskussionsgrundlage für eine mögliche Übertragbarkeit auf das deutsche System geschaffen.

---

120   Ebd., S. 30.

121.   Terhorst, T.: Gesundheitsreform 2006 in den Niederlanden – Kapitel 6, a. a. O.

3.5 Zwischenfazit

Die beschriebenen Reformalternativen der Bürgerversicherung, des Prämienmodells und des Privatmodells gehen von unterschiedlichen sozialpolitischen Ansätzen aus. Das Konzept der SPD-Bürgerversicherung fokussiert sich auf eine Ausweitung der Solidarität mithilfe eines umfassenden Versichertenkreises und einer Verbreiterung der Beitragsbemessung. Hierdurch soll sich die Höhe der Beitragszahlung stärker als bisher an die individuelle Leistungsfähigkeit des Einzelnen orientieren, und Bevölkerungsgruppen, die sich durch Privatversicherungen der Solidarität der gesetzlichen Krankenversicherung entziehen, langfristig in die versicherungsinterne Umverteilung einbezogen werden. Im Zuge dieser Maßnahmen soll eine sozial gerechtere und nachhaltigere Finanzierungsbasis geschaffen werden, die den derzeitigen, hohen Leistungsumfang in der Krankenversicherung sichern soll.

Das Ziel der sozial gerechteren Finanzierung durch den Einbezug der gesamten Bevölkerung in die GKV kann langfristig, unter Berücksichtigung des angesprochenen Bestandschutzes und einer praktikablen Lösung zur Behandlung der in der PKV angehäuften Altersrückstellungen, erreicht werden. Aus den Zahlen der dargestellten mittelfristigen Beitragssatzauswirkungen geht jedoch hervor, dass es zumindest in der ersten Generation der Einführung einer Bürgerversicherung zu keinen nennenswerten Einnahmezuwächsen kommen würde. Sogar die Nahles-Kommission prognostizierte, dass unter Bürgerversicherungsbedingungen bis zum Jahr 2030 keine beitragssatzsenkenden Effekte entstehen, sondern lediglich eine Abflachung der Steigerungen erreicht wird.

Außerdem gibt diese Finanzierungsreform keine Antwort auf die Frage, wie die Gegenfinanzierung der durch die demografische Entwicklung hervorgerufenen, zukünftig steigenden Ausgaben organisiert werden soll. Vor dem Hintergrund, dass Leistungseinschränkungen oder ein Ausbau der Eigenverantwortung nicht vorgesehen sind, können diese Kostensteigerungen nur durch weitere Beitragssatzerhöhungen aufgefangen werden. Dies würde zu negativen Einkommenseffekten in der Bevölkerung führen und durch die Beibehaltung der paritätischen Finanzierung eine erhöhte Belastung der sozialversicherungspflichtigen Arbeitsverhältnisse verursachen. Problematisch erscheint außerdem, dass durch das vorliegende SPD-Konzept fast ausschließlich nur die Einnahmeseite der Krankenversicherung betrachtet wird. Die grundlegenden Ausgabenprobleme bleiben nahezu unberücksichtigt. Notwendige wettbewerbliche Impulse im Gesundheitsmarkt oder eine stärkere Verankerung von Eigenverantwortung der Versicherten werden in diesem Modell nicht gefördert, eher noch weiter eingedämmt. Daher ist eine Bürgerversicherung kein geeignetes Instrument, um die großen Problemfelder der deutschen Krankenversicherung nachhaltig und wirksam einzudämmen.

Im Prämienmodell der CDU soll die sozialpolitische Umverteilungskomponente aus dem GKV-System herausgelöst und auf das Steuersystem übertragen werden. Die Beiträge werden nicht mehr individuell nach Einkommenshöhe sondern pauschal bemessen. Dieses wirkt auf den ersten Blick sozial ungerecht und lässt eine Bevorteilung der einkommensstarken Bevölkerungsschicht vermuten. Jedoch wird dieses Prämiensystem durch einen Sozialausgleich flankiert, der eine übermäßige Belastung kleinerer Einkommen verhindern soll. Ob diese Belastungskompensation tatsächlich erreicht wird, ist zweifelhaft. Unzweifelhaft dagegen ist der für den Sozialausgleich benötigte, umfangreiche zusätzliche Bedarf an finanziellen Staatsmitteln, der, je nach Gegenfinanzierungsausgestaltung, zu einer erhöhten Staatsverschuldung oder zu Steuererhöhungen führen wird. Durch die Abkoppelung der Gesundheitskosten von den Arbeitskosten kann eine langfristige Planungssicherheit der Arbeitgeber erreicht und dadurch eine positive Beschäftigungsentwicklung ausgelöst werden. Als weiteres positives Merkmal ist das geplante kapitalgedeckte Beitragselement einzuordnen. Anders als bei der Bürgerversicherung wird hierdurch die demografische Problemlage berücksichtigt, jedoch bleiben auch hier große Zweifel, ob ein Vorsorgebetrag von monatlich 20 Euro ausreicht.

Auch die CDU möchte den Leistungskatalog auf dem heutigen Niveau beibehalten, womit eine Stellschraube zur Eindämmung der Kostenentwicklung ungenutzt bleibt. Die Eigenverantwortung und das Kostenbewusstsein sollen dagegen durch Wahltarife und dem sektoralen Kostenerstattungsprinzip gefördert werden. Dadurch rückt die CDU neben dem Solidaritätsmaßstab (auf den sich die SPD beschränkt) auch die Subsidiarität in den Vordergrund. Durch eine Ausweitung der Vertragsfreiheit soll der Wettbewerb im Gesundheitswesen weiter gestärkt werden. Jedoch soll der Sektor der Krankenversicherer dualistisch

bleiben und der RSA muss hinsichtlich der risikounabhängigen Prämien fortgeführt werden, wodurch für den Wettbewerb weiterhin Schranken aufgrund von uneinheitlichen
Spielregeln bestehen bleiben.

Das Prämienmodell geht besonders im Hinblick auf die Demografieentwicklung in die
richtige Richtung und kann somit eine bessere Nachhaltigkeit als die Bürgerversicherung
erreichen. Im Bezug auf den Wettbewerb, die Eigenverantwortung und die Kapitaldeckung
fallen diese Schritte aber etwas zu zaghaft aus, um die drängenden Probleme wirkungsvoll
und strukturell zu bekämpfen. Außerdem bestehen große Finanzierungsrisiken, die poten-
tielle Mehrbelastungen für den Staat und den Bürger mit sich bringen könnten.

Der Kronberger Kreis verfolgt mit seinem Privatmodell grundsätzlich die gleiche Stoßrichtung wie das Prämienmodell. Hier soll ebenfalls die Krankenversicherung von sozialen
Umverteilungsmaßnahmen befreit werden. Darüber hinaus beinhaltet dieses Konzept, abweichend zum CDU-Modell, radikale Elemente, die das Gesundheitswesen auf allen Ebenen marktwirtschaftlich ausrichten sollen.

Der Versicherungsmarkt soll komplett privatisiert werden und die Gesundheitsprämie nicht
pauschal bemessen sein, sondern sich gemäß des heutigen PKV-Systems am Marktpreis
orientieren. Dadurch findet eine teilweise Abkehr vom Solidarprinzip zum Verursachungsprinzip statt. Die Solidarität umfasst nicht mehr den gesamten Versichertenkreis, sondern
nur noch die Versicherten eines Jahrgangs bzw. einer „Schadensklasse". Zusammen mit
der beabsichtigten Einführung einer so genannten Mindestversicherung in Kombination
mit frei wählbaren Zusatzversicherungen würde die Krankenversicherung eine völlig neue
Identität bekommen, die mit der Systematik einer Autoversicherung vergleichbar wäre.
Die Mindestversicherung, die sich nur noch auf unbedingt notwendige Leistungen beschränkt, hätte Ähnlichkeit mit der Haftpflichtversicherung, die optionalen Zusatzversicherungen hätten Parallelen zu den Teil- bzw. Vollkaskoversicherungen. Diese systematische
Gleichstellung verstößt ohne Frage bei nicht geringen Bevölkerungsteilen gegen ethische
Grundsätze, jedoch wird bei aller marktwirtschaftlichen Orientierung die Sozialstaatlich-
keit durch Sozialausgleich und garantierter Absicherung der medizinisch unbedingt notwendigen Leistungen gewahrt.

Im Gegensatz zu den beiden vorangegangenen Modellen beschränkt sich dieses liberale Konzept nicht nur auf eine Finanzreform, um die Einnahmeprobleme zu lösen, sondern setzt mit den Einschnitten im Leistungskatalog, der umfassenden Eigenverantwortung und der Beseitigung von wettbewerblichen Regulierungen auch konsequent beim Ausgabenproblem an. Die Implementierung dieses umfassenden Instruments würde eine große Dynamik im Gesundheitswesen auslösen und voraussichtlich auf allen Ebenen zu einer Ausschöpfung der zweifellos vorhandenen Effizienzreserven führen. Zur Lösung der großen Probleme innerhalb der Krankenversicherung kann nur ein Konzept führen, das alle Akteure im Gesundheitswesen berücksichtigt und die Strukturen auf allen Ebenen effektiver, effizienter und nachhaltiger ausgestaltet. Diesem Grundsatz wird das Privatmodell am stärksten gerecht.

Das niederländische Gesundheitssystem kann nach der Reform 2006 als Mischmodell dieser drei Konzepte bezeichnet werden. Aus allen Konzepten enthält es Teilelemente. Die Bürgerversicherung ist durch die allgemeine Versicherungspflicht und durch die Berücksichtigung weiterer Einkunftsarten bei der einkommensabhängigen Beitragserhebung wieder zu erkennen. Das Prämienmodell ist durch die Elemente der pauschalen Kopfprämie und des Sozialausgleichs vertreten. Eine vollständig privatisierte Versicherungslandschaft, die Einführung einer Basisversicherung und die Auflösung von Wettbewerbsregulierungen stellen Parallelen zu den Ansätzen vom Kronberger Kreis dar. Vor allem die Elemente des Privatmodells haben zu einer starken Dynamik auf dem Gesundheitsmarkt der Niederlande geführt. Die Einkommenseffekte waren für die Privathaushalte bisher überwiegend positiv. Daher wäre eine Übertragbarkeit auf das deutsche System durchaus Erfolg versprechend. Andererseits vernachlässigt es wie die Bürgerversicherung aufgrund der fehlenden Altersrückstellungen die nachhaltige Finanzierungssicherheit und verhindert durch weiterhin bestehende Regulierungen eine freie Entfaltung der Marktmechanismen.

4 Reformoptionen Pflegeversicherung

4.1 Ausgeweitete Umlagefinanzierung

Eine Beibehaltung bzw. Ausweitung der bestehenden Umlagefinanzierung innerhalb der Pflegeversicherung wird in zwei wesentlichen Modellen politisch diskutiert. Vonseiten der SPD und der Gewerkschaften wird eine Ausweitung zu einer Bürgerversicherung nach Vorbild des gleichnamigen Krankenversicherungsmodells propagiert. Der Sachverständigenrat zur Begutachtung der gesamtwirtschaftlichen Entwicklung schlug in seinem Jahresgutachten 2004 / 2005 mit einem umlagefinanzierten Pauschalprämienmodell eine einkommensunabhängige Weiterentwicklung der Bürgerversicherung vor.

4.1.1 Bürgerversicherung

Das von Karl Lauterbach in Zusammenarbeit mit Andrea Nahles entworfene Modell einer „Bürgerversicherung Pflege" ist hinsichtlich des Versichertenkreises und der Beitragsbemessung und -erhebung größtenteils deckungsgleich mit den Vorschlägen der „Nahles-Kommision" zur Bürgerversicherung in der Krankenversicherung[1]: Durch eine Zusammenlegung der SPV und PPV wird der Versichertenkreis der sozialen Pflegeversicherung auf die gesamte Bevölkerung erweitert. Die Beitragsbemessungsgrenze soll nach Ansicht von Lauterbach auf das Niveau der gesetzlichen Rentenversicherung erhöht und die Beitragsbemessungsgrundlage um weitere Einkunftsarten (insbesondere Kapitalerträge) erweitert werden. Zur Ermittlung der Beiträge soll, wie in der Krankenversicherung, das dargestellte Zwei-Säulen-Modell eingeführt werden.

Strukturell soll es zu Leistungsausweitungen und –Steigerungen kommen: Demenzkranke werden stärker berücksichtigt und die ambulanten Leistungen der ersten beiden Pflegestu-

---

[1] Vgl. Kapitel 3.1.1.

fen angehoben (Pflegestufe I auf 704 Euro und Pflegestufe II auf 1.100 Euro). Zusätzlich sollen die Pflegeleistungen proportional zur Einkommensentwicklung der Versicherten erhöht werden.[2]

Durch die Einbeziehung der gesamten Bevölkerung und der Verbreiterung der Beitragsbasis soll die Einnahmeseite gestärkt werden und damit die Finanznot beseitigen. Trotz Leistungsausweitungen könnte der Beitragssatz nach Ansicht von Lauterbach dauerhaft auf 1,5 % gesenkt werden.[3]

4.1.2 Umlagefinanziertes Pauschalbeitragssystem

Der Sachverständigenrat zur Begutachtung der gesamtwirtschaftlichen Entwicklung hatte in seinem Jahresgutachten 2004 / 2005 „Erfolge im Ausland – Herausforderungen im Inland" neben einem Kohortenmodell zum Ausstieg aus dem Umlageverfahren als alternative Option eine Beibehaltung der Umlagefinanzierung in Verbindung mit einkommensunabhängigen Pauschalprämien ins Gespräch gebracht.[4]

Analog zur Bürgerversicherung soll aus allokativen Gründen die Umlagefinanzierung auf die gesamte Bevölkerung ausgeweitet werden. Alle Bürger wären in einer Pflegekasse ihrer Wahl versicherungspflichtig. Die Beiträge würden pauschal rund 25 Euro monatlich betragen und im Wettbewerb zwischen den gesetzlichen und privaten Kassen variieren. Die Höhe ergibt sich durch die Division der Gesamtausgaben einer Kasse durch die Anzahl der Versicherten. Diese Berechnungsgrundlage macht die Pauschale abhängig von der zukünftigen Ausgabenentwicklung pro Pflegefall. Da diese Entwicklung von verschiedenen Faktoren abhängt (u. a. vom gesetzlich festgelegten Pflegebegriff und das Verhältnis von ambulanter zu stationärer Versorgung)[5], hat der Sachverständigenrat in seinem Konzept

---

[2]   Vgl. Schulze – Ehring, F.: Eine Modellsynopse zur Reform der Pflegeversicherung, a. a. O., S .8.f.

[3]   Ebd.

[4]   Ebd., S. 16.

[5]   Vgl. Sachverständigenrat Wirtschaft: Jahresgutachten 2004 / 2005, 5. Kapitel: Krankenversicherung und Pflegeversicherung, a. a. O., S. 418f.

verschiedene Anstiegsszenarien und deren Auswirkungen auf die monatliche Pauschale kalkuliert (vgl. Tabelle 4.1).

Tab. 4.1: Prognostizierte monatliche Pflegepauschale 2004 bis 2050

Jahr	Jährlicher Ausgabenanstieg je Pflegefall			
	0 vH	1,5 vH	2,25 vH	4 vH
2004	25	25	25	25
2005	25	25	26	27
2010	24	27	29	33
2015	24	30	33	41
2020	25	32	37	50
2025	25	35	41	61
2030	24	37	45	73
2035	24	39	49	86
2040	24	42	56	106
2045	25	47	64	133
2050	25	50	72	162

Quelle: Sachverständigenrat Wirtschaft: Jahresgutachten 2004 / 2005, 5. Kapitel: Krankenversicherung und Pflegeversicherung, in: http://www.sachverstaendigenrat-wirtschaft.de/download/ gutachten/04_v.pdf, S. 419, 05.12.2007.

Bei einem moderaten Anstieg von 1,5 % würde sich die Prämie bis ins Jahr 2050 auf 50 Euro verdoppeln, bei einem starken Anstieg von 4 % würde sie sich im gleichen Zeitraum mehr als versechsfachen. Der Sachverständigenrat merkt hierzu an, dass in diesem Zusammenhang ein starker Ausgabenanstieg ein ergänzendes, kapitalgedecktes Element als Zukunftsoption sinnvoll erscheinen lässt.[6]

Eine Beitragsdifferenzierung der Pauschalen nach individuellen Risiken (Alter oder Geschlecht) findet nicht statt. Diese Regelung macht einen RSA nach Vorbild der GKV notwendig, um Selektionsanreize zu neutralisieren. Die beitragsfreie Mitversicherung von nichterwerbstätigen Ehegatten entfällt, Kinder bleiben dagegen beitragsfrei.[7] Der derzeitige Arbeitgeberbeitrag wird dem Arbeitnehmer als Bruttolohnbestandteil ausgezahlt und somit in die Besteuerung mit einbezogen. Für Personen mit geringem Einkommen wird ein steuerfinanzierter Sozialausgleich installiert. Er soll zum Einsatz kommen, wenn der Pfle-

---

[6]   Ebd.
[7]   Ebd.

gebeitrag einen gewissen Prozentsatz (voraussichtlich 2 %) des Einkommens übersteigt. Dieser Ausgleich beansprucht lt. Angaben des Sachverständigenrates ein zusätzliches Finanzvolumen von jährlich 3 Mrd. Euro, das durch die Besteuerung des Arbeitgeberanteils und optional durch eine höhere Belastungsgrenze für Rentner gegenfinanziert werden kann.[8]

Strukturell wird eine Leistungsdynamisierung in Höhe des Durchschnitts aus allgemeiner Inflation und Lohnsteigerung beabsichtigt.[9] Ebenfalls auf der Leistungsseite anzusiedeln ist der Wille, eine Gleichstellung von ambulanten und stationären Leistungen zu erreichen und eine stärkere pflegepolitische Berücksichtigung von Demenzkranken zu erreichen.[10]

4.1.3 Auswirkungen und Kritik

Ohne die Finanzprobleme in der SPV wirklich zu lösen, soll in beiden Modellen die Umlagefinanzierung ausgeweitet und die funktionierende, kapitalgedeckte PPV abgeschafft werden. Sogar die Berechnungen von Lauterbach zeigen, dass in seinem Modell lediglich mit einer Beitragssatzstabilität bis 2015 zu rechnen ist und der Beitragssatz im Jahr 2025 bei 2,0 % liegen würde[11] An dem grundsätzlichen Finanzierungsproblem der SPV würde sich durch eine Bürgerversicherung also nichts ändern. Der Grund für die mangelnde Nachhaltigkeit einer Bürgerversicherung besonders in der Pflegeversicherung liegt darin, dass eine Ausweitung des Versichertenkreises die Altersstruktur des gesamten Versichertenkreises nicht wesentlich beeinflusst. Auch die privat Versicherten werden altern und werden durchschnittlich sogar wesentlich älter als der Versichertenstamm der SPV. Damit würden sich sowohl beim Lauterbach-Modell als auch beim umlagefinanzierten Prämiensystem die demografischen Probleme durch die Erweiterung des Versichertenkreises eher

---

[8]   Ebd., S, 418ff.
[9]   Ebd., S. 420f.
[10] Vgl. Schulze – Ehring, F.: Eine Modellsynopse zur Reform der Pflegeversicherung, a. a. O., S. 17.
[11] Vgl. Lauterbach, K. W. u. a.: Auswirkungen einer Bürgerversicherung in der Pflegeversicherung, in: http://www.gesundheitspolitik.net/01_gesundheitssystem/ reformkonzepte/pflegeversicherung/BuergerVers-PflegeV-0504.pdf, S.5f., 22.12.2007.

verschärfen als abmildern.[12] Hinzu kommen die bereits in Kapitel 3.1.1 aufgeführten, rechtlichen Umsetzungsprobleme einer Ausweitung des Versichertenkreises hinsichtlich des Bestandschutzes und der Behandlung bereits angehäufter Altersrückstellungen.

Der demografische Sachverhalt wird durch das Bürgerversicherungsmodell vollständig missachtet. Es ist nicht vorgesehen, dass Rückstellungen als Vorsorge für den künftigen Anstieg der Pflegeausgaben aufgebaut werden.[13] Bei der umlagefinanzierten Pauschalprämie wird das Demografieproblem etwas entschärft, da die Pauschale eine implizite Beitragserhöhung für Rentner beinhaltet.[14] Jedoch werden auch hier Kapitaldeckungselemente zum Aufbau einer Demografiereserve nicht umgesetzt, sondern lediglich optional angedacht.

4.2 Teilkapitalisierung

Die grundsätzliche Ausrichtung einer Teilkapitalisierung der SPV besteht darin, innerhalb des bestehenden, umlagefinanzierten Systems eine kapitalgestützte Säule einzuführen. Durch diese Säule sollen die Auswirkungen der demografischen Entwicklung abgefedert werden.[15]

Im Folgenden werden zwei Gestaltungsoptionen dieser Finanzierungsausrichtung vorgestellt. Als erstes das im Jahr 2003 von der Kommission „Nachhaltigkeit in der Finanzierung der Sozialen Sicherungssysteme" unter Leitung des Wirtschaftsweisen Bert Rürup entwickelte Modell eines intergenerativen Lastenausgleichs. Die zweite dargestellte Option besteht aus dem Konzept der bayerischen CSU-Sozialministerin Christa Stewens, welches eine private Zusatzversicherung vorsieht und im Jahr 2004 erstellt wurde.

---

[12]   Vgl. Schulze – Ehring, F.: Eine Modellsynopse zur Reform der Pflegeversicherung, a. a. O., S .9.
[13]   Vgl. Donges, J. B. u. a. (Kronberger Kreis): Tragfähige Pflegeversicherung, a. a. O., S. 48.
[14]   Häcker, J.: Die sozialen Pflegeversicherung in Deutschland – Diagnose und Therapie, in: http://vorarlberg.hilfswerk.at/download.php?id=190 , S. 11, 06.12.2007.
[15]   Arentz, O. u. a.: Pflegevorsorge, in: http://www.vbw-bayern.de/agv/data/media/_stories/ 458/Pflegevorsorge.pdf, S. 13, 06.12.2007.

4.2.1 Rürup-Konzept

Innerhalb des Rürup-Modells soll die kapitalgestützte Säule nur temporär im Zeitraum von 2010 bis 2030 bestehen. Diese Säule soll im Rahmen eines so genannten intergenerativen Lastenausgleichs installiert werden. Hinsichtlich der Dynamisierung der Leistungen sieht das Vorhaben eine konstante Erhöhung der Leistungen um den Durchschnitt der Inflation und Lohnsteigerung vor. Auf der Grundlage des Kommissionsszenarios ergibt sich hieraus eine jährliche Dynamisierung von 2,25 %. Durch Leistungsanhebungen für ambulante Pflege und Leistungsverringerungen für stationäre Pflege soll eine finanzielle Gleichstellung dieser beiden Behandlungsformen erreicht werden.[16] Des Weiteren wird bei der Beurteilung der Pflegebedürftigkeit von Menschen mit erheblich eingeschränkter Alltagskompetenz ein Zeitzuschlag von 30 Minuten empfohlen. Die Segmentierung des Versicherungsmarktes in SPV und PPV soll beibehalten werden und die Maßnahmen der Finanzreform somit nur die soziale Pflegeversicherung umfassen.[17]

Der intergenerative Lastenausgleich soll ab dem Jahr 2010 mit einem zusätzlichen, einkommensabhängigen und allein von Rentnern zu entrichtenden Ausgleichsbeitrag in Höhe von zunächst 2 % erfolgen. Durch die Erhebung werden finanzielle Mittel frei, die eine Senkung des Allgemeinen Beitragssatzes von 1,7 % auf 1,2 % ermöglichen. Demnach hätten die Rentner einen Gesamtbeitrag von 3,2 % in Abhängigkeit von ihrer Rentenhöhe zu tragen. Soziale Härten sollen hierbei verhindert werden, indem bei Empfängern der bedarfsorientierten Grundsicherung der Ausgleichsbetrag im Zahlbetrag der Grundsicherung berücksichtigt wird. Der von den Arbeitnehmern abzuführende Beitragssatz soll bei 1,7 %[18] verharren und die Differenz von 0,5 % als Vorsorgebeitrag obligatorisch an persönliche Pflegekonten bei den Rentenversicherungsträgern abgeführt werden.[19] Der Eigentumsanspruch über diese Beträge verbleibt bei den einzahlenden Versicherten, womit sie verfassungsrechtlich vor evtl. staatlichen Zugriffen geschützt sind. Das auf den Konten akkumulierte Kapital wird den Versicherten bei Renteneintritt als zusätzliche Leibrente aus-

---

[16]   Vgl. Rürup, B. u. a. (Rürup-Kommission): Bericht: Nachhaltigkeit in der Finanzierung der Sozialen Sicherungssysteme, a. a. O., S. 193, 202.

[17]   Ebd., S. 197f.

[18]   Die Berechnungen der Rürup-Kommission beinhalteten nicht den Kinderlosenzuschlag.

[19]   Vgl. Schulze – Ehring, F.: Eine Modellsynopse zur Reform der Pflegeversicherung, a. a. O., S. 18.

gezahlt und somit zur Kompensation der demografisch bedingten, persönlichen Kostensteigerung verwendet.[20]

Unter den angenommenen dynamisierten Leistungsentwicklungen und den damit verbundenen Ausgabensteigerungen entsteht im Zeitverlauf auch in diesem System ein finanzielles Ungleichgewicht in der SPV, wodurch eine Anhebung der Beitragssätze und Ausgleichsbeiträge notwendig wird. Im Rürup-Modell steigen deshalb ab 2015 einerseits die Ausgleichsbeiträge kontinuierlich an und andererseits verringert sich sukzessive der Sparanteil der Arbeitnehmer. Damit erhöht sich die Belastung der Rentner auf insgesamt 4,5 % im Jahr 2040, während die absolute Belastung der Arbeitnehmer konstant bleibt (vgl. Tabelle 4.2).

Tab. 4.2: Beitragsentwicklung 2010 bis 2040 (in %)

Jahr	auf Arbeitsentgelt abzuführen	Vorsorgebeitrag für Pflegekonto	Allgemeiner SPV-Beitragssatz	Ausgleichsbeitragssatz	auf Renten abzuführen
2010	1,7	0,5	1,2	2,0	3,2
2015	1,7	0,3	1,4	2,2	3,6
2020	1,7	0,2	1,5	2,4	3,9
2025	1,7	0,1	1,6	2,6	4,2
2030	1,7	0,0	1,7	2,6	4,3
2035	1,7	0,0	1,7	2,8	4,5
2040	1,7	0,0	1,7	2,8	4,5

Quelle: Eigene Darstellung in Anlehnung an: Rürup, B. u. a. (Rürup-Kommission): Bericht: Nachhaltigkeit in der Finanzierung der Sozialen Sicherungssysteme, a. a. O., S. 204.

Die für zukünftige Rentnergenerationen sich hieraus im Zeitverlauf erhöhenden Mehrbelastungen werden nach Angaben der Rürup-Kommission durch die ebenfalls steigenden zusätzlichen Renten aus den Pflegekonten kompensiert. Ab dem Jahr 2030 wird kein Kapital mehr auf das private Pflegekonto eingezahlt, was den erwähnten, lediglich temporären

---

[20]   Vgl. Rürup, B. u. a. (Rürup-Kommission): Bericht: Nachhaltigkeit in der Finanzierung der Sozialen Sicherungssysteme, a. a. O., S. 201, 203.

Kapitaldeckungscharakter widerspiegelt. Nach 2030 erhöhen sich die Rücklagen somit nur noch durch anfallende Zinserträge.[21]

Nach Darstellung der Kommission könnte mit diesem Modell die nachhaltige Finanzierung und generationengerechte Verteilung bis zum Jahr 2040 gesichert werden. Ob es sich darüber hinaus als tragfähig erweisen kann, ist von anderen, schwierig zu prognostizierenden Entwicklungen[22] abhängig.

4.2.2 CSU-Konzept

Der von der bayerischen Sozialministerin Christa Stewens entwickelte Vorschlag der CSU zielt im Gegensatz zum intergenerativen Lastenausgleich nach Rürup nicht auf eine vorübergehende sondern dauerhafte Ergänzung der heutigen Umlagefinanzierung ab. Herzstück ist hierbei der Aufbau einer privaten, kapitalgedeckten Zusatzversicherung. Die Dynamisierung der Leistungen wird hier auf jährlich 1,5 % angesetzt. Die Anpassung soll nur alle fünf Jahre vorgenommen werden. Analog zu Rürup sind Verbesserungen bei den Demenzkranken und Anpassungen im finanziellen Verhältnis von stationärer zu ambulanter Behandlung geplant. Darüber hinaus soll die Pflegeversicherung künftig auch die Kosten der geriatrischen Rehabilitation tragen.[23]

Durch die einkommensunabhängige Zusatzversicherung sollen neben den dynamisierten Leistungen auch die demografisch bedingten Kostensteigerungen abgedeckt werden. Sie soll verpflichtend für alle SPV-Versicherten sein, die zum Zeitpunkt der Reform das 21. Lebensjahr überschritten und das 60. Lebensjahr noch nicht vollendet haben. Zum von Stewens gewählten Umstellungszeitpunkt 2006 würde sich die einheitliche und pauschalierte Höhe auf 4 Euro pro Monat belaufen. In den darauf folgenden Jahren steigt sie je-

---

[21]   Vgl. Rürup, B. u. a. (Rürup-Kommission): Bericht: Nachhaltigkeit in der Finanzierung der Sozialen Sicherungssysteme, a. a. O., S. 204, 206.

[22]   Die wirtschaftliche Entwicklung und evtl. Änderungen in den Pflegefallwahrscheinlichkeiten.

[23]   Vgl. Schulze – Ehring, F.: Eine Modellsynopse zur Reform der Pflegeversicherung, a. a. O., S. 19.

weils um 0,47 Euro an. Bis ins Jahr 2060 ergibt sich somit ein zusätzlicher Beitrag von 29,38 Euro (vgl. Tabelle 4.3).

Tab. 4.3: Prämienentwicklung private Zusatzversicherung 2006 bis 2060

Jahr	2006	2010	2020	2030	2040	2050	2060
Zusatzprämie	4,00 €	5,88 €	10,58 €	15,28 €	19,98 €	24,68 €	29,38 €

Quelle: Eigene Darstellung in Anlehnung an: Häcker, J. u. a.: Reformkonzepte der Gesetzlichen Pflegeversicherung auf dem Prüfstand, in: http://www.insm.de/Downloads/PDF_-_Dateien/Schriftdokumente/ INSM_Pflegestudie.pdf, S. 15, vom 06.12.2007.

Die paritätische Beitragsfinanzierung bleibt erhalten und auf der zur Konzepterstellung (Jahr 2004) aktuellen Höhe dauerhaft festgeschrieben. Zur Verwaltungsvereinfachung werden beide Beitragskomponenten zusammen eingezogen.[24] Durch diese kombinierte Finanzierung können die Leistungen in der SPV auf heutigem Stand konstant gehalten werden und die zukünftig entstehenden Leistungssteigerungen von der Zusatzversicherung aufgefangen werden. Die Leistungsdynamisierung soll jedoch nicht für die von der Ergänzungsversicherung nicht umfassten, älteren Versichertengruppen gelten.

Dieses CSU-Konzept bildete die Orientierungsgrundlage für den etwas abgewandelten Beschluss der unionsgeführten Bundesländer zur Reformierung der Pflegeversicherung.[25]

4.2.3 Auswirkungen und Kritik

Der intergenerative Lastenausgleich nach Rürup gewährleistet eine mittelfristig nachhaltige Finanzierungsbasis, die eine Leistungsdynamisierung und Besserstellung von Demenzkranken erlaubt. Das Risiko dieses Vorschlags liegt jedoch darin, dass der einmalige Auf- und Wiederabbau eines Kapitalstocks auf der Annahme beruht, dass nach 2040 wieder eine demografische Entwicklung eintritt, bei der die Bevölkerungsentwicklung einigermaßen

---

[24]   Ebd., S. 20.
[25]   Vgl. Schulze – Ehring, F.: Eine Modellsynopse zur Reform der Pflegeversicherung, a. a. O., S. 20f.

stabil bleibt.[26] Bewahrheitet sich die weit verbreitete Befürchtung, dass die Bevölkerung auch über diesen Zeitpunkt hinaus weiter abnimmt und älter wird, so müssten Anpassungen und evtl. neue Pflegekonten angelegt werden. In diesem Zusammenhang wäre eine dauerhafte Stabilisierung der umlagefinanzierten Pflegeversicherung durch das Rürup-Konzept nicht erreicht. In dieser Hinsicht liefert das Stewens-Modell eine langfristigere Lösung, da es eine dauerhafte Teilkapitalisierung beinhaltet. Fraglich ist jedoch, ob der geringe Zusatzversicherungsbetrag mit moderaten Zuwachsraten die steigenden Kosten tatsächlich abdecken kann. Lt. Berechnungen der Initiative Neue Soziale Marktwirtschaft (INSM) würde die Zusatzversicherung durch die von Stewens angesetzte Prämienhöhe ab dem Jahr 2021 mehr ausgeben als einnehmen. Dadurch würde ab diesem Zeitpunkt der aufgebaute, kollektive Kapitalstock bereits wieder abgebaut und ab 2035 eine Unterdeckung des dynamisierten Leistungskatalogs entstehen.[27]

In beiden Modellen findet keine steigende Belastung der Arbeitskosten durch erhöhte Zusatzkosten statt, jedoch bleibt die zentrale Finanzierungssäule an das Einkommen gekoppelt. Damit wird der allgemeine ordnungspolitische Mangel eines Umlagesystems nicht behoben und die unsystematische Einkommensumverteilung innerhalb des Systems aufrechterhalten.[28]

Außerdem werden die Rentner innerhalb des intergenerativen Lastenausgleichs stärker belastet als zum Zeitpunkt der Konzepterstellung angenommen. Nach damals geltender Regelung übernahmen die Rentenversicherungsträger die Hälfte der allgemeinen SPV-Beiträge. Zur Entlastung der Rentenkasse wurde jedoch zum 01. Januar 2004 diese Regelung aufgehoben und die Rentner mit dem vollen Beitragssatz belastet. Somit hätten die Rentner bereits im Einführungsjahr des Lastenausgleichs (Jahr 2010) eine Steigerung des absoluten Beitragssatzes von 1,7 % auf 3,2 % zu tragen. Die im Zeitverlauf analog zum Ausgleichsbeitragssatz steigenden Belastungen werden unter diesen Umständen wahrscheinlich nicht wie angenommen durch die zusätzlichen Pflegekontenrenten kompensiert.

---

[26]   Vgl. Donges, J. B. u. a. (Kronberger Kreis): Tragfähige Pflegeversicherung, a. a. O., S. 50.
[27]   Vgl. Häcker, J. u. a.: Reformkonzepte der Gesetzlichen Pflegeversicherung auf dem Prüfstand, a. a. O., S. 15.
[28]   Vgl. Arentz, O. u. a.: Pflegevorsorge, a. a. O., S. 23.

Bei dem Stewens-Modell ergibt sich bei der generativen Lastenverteilung ein gegenteiliges Bild: Die Zusatzversicherung finanziert nicht nur eine Leistungsdynamisierung der SPV für alle unter 60-Jährigen, sondern kompensiert auch die finanziellen Folgen der Demografie. Das wiederum bedeutet, dass ausschließlich die relativ jungen Versichertenteile zur Finanzierung steigender Ausgaben, verursacht durch die demografiebedingte Zunahme der über 60-Jährigen, herangezogen würden. Hier findet also eher eine Lastenverteilung zuungunsten der jungen Versicherten statt. Bei den über 60-Jährigen besteht dagegen aufgrund der fehlenden zusätzlichen Absicherung die Gefahr, dass durch die nicht erfolgende Dynamisierung eine schleichende, reale Entwertung der Leistungen erfolgt. Dies würde für diesen Personenkreis einem schleichenden Abschied aus der Pflegeversicherung gleichkommen.[29]

4.3 Vollständige Kapitaldeckung

Dieser Ansatz geht hinsichtlich der Kapitaldeckung noch einen Schritt weiter als die beschriebene Teilkapitalisierung. Hier wird ein vollständiger Übergang vom bisherigen Umlagesystem zur Kapitaldeckung angestrebt. Differenzieren lässt sich diese Stoßrichtung hinsichtlich des Zeitraums, in dem diese Umstellung realisiert werden soll.

Die Herzog-Kommission „Soziale Sicherheit" schlägt einen langfristigen Übergang bis zum Jahr 2030 vor, der für den Aufbau eines kollektiven Kapitalstocks genutzt werden soll. Der Vorschlag der Vereinigung der bayerischen Wirtschaft (vbw) im Rahmen einer so genannten Pflegevorsorge sieht dagegen einen sofortigen Übergang in ein privates Kapitaldeckungsverfahren vor.

---

[29]   Vgl. Schulze – Ehring, F.: Eine Modellsynopse zur Reform der Pflegeversicherung, a. a. O., S. 20.

4.3.1 Herzog-Konzept

Um das Ziel einer kapitalgedeckten Pflegeversicherung zu erreichen, ist nach Ansicht der Herzog-Kommission eine Übergangsphase erforderlich, während der ein aus erhöhten Beiträgen erzielter Einnahmeüberschuss zum Aufbau eines kollektiven Rückstellungsfonds verwendet werden soll.[30] Der einkommensabhängige Beitragssatz wird bis 2030 auf konstant 3,2 % angehoben und wie in der Bürgerversicherung auf sämtliche Einkommensarten bis zur Beitragsbemessungsgrenze ausgeweitet. Die paritätische Finanzierung soll in der Kapitalbildungsphase erhalten bleiben. Zur teilweisen Kompensation der Mehrbelastung für die Arbeitgeber wird der Wegfall eines bezahlten Urlaubs- oder Feiertages erwogen. Für mitversicherte Ehegatten soll analog zum Steuerrecht ein Ehegattensplitting eingeführt werden. Ehepartner, die Kinder erziehen oder Angehörige pflegen, sollen ebenso wie Kinder beitragsfrei mitversichert werden.[31]

Etwa im Jahr 2030 kann der Kapitalstock aufgelöst und für eine versicherungsmathematische Individualisierung der Altersrückstellungen zugunsten der älteren Versicherten eingesetzt werden. Als Grundlage für die dann individuell zu ermittelnden Prämien dient das Eintrittsalter, unabhängig vom Geschlecht und Gesundheitszustand. Die Kalkulation geht zu diesem Zeitpunkt von einer lebenslang konstanten Prämie von 52 Euro pro Monat für neu eintretende 20-jährige Versicherungsnehmer aus. Die versicherungsmathematisch höheren Prämien für ältere Versicherte können durch die Mittel des Kapitalstocks dauerhaft gedeckt werden und somit monatlich maximal 66 Euro betragen.[32]

Strukturell beinhaltet das Konzept einen nicht genau quantifizierten Dynamisierungsfaktor, der ein konstantes, reales Niveau der Pflegeleistung gewährleistet und eine aufwandsneutrale Anpassung der Leistungspauschalen zur Stärkung der häuslichen Pflege.

---

[30] Vgl. Kommission „Soziale Sicherheit": Bericht zur Reform der sozialen Sicherungssysteme, a. a. O., S. 32.

[31] Vgl. Schulze – Ehring, F.: Eine Modellsynopse zur Reform der Pflegeversicherung, a. a. O., S. 12.

[32] Vgl. Kommission „Soziale Sicherheit": Bericht zur Reform der sozialen Sicherungssysteme, a. a. O., S. 32f.

4.3.2 Pflegevorsorge

Die Vereinigung der bayerischen Wirtschaft setzt mit dem Modell der Pflegevorsorge auf eine radikal marktwirtschaftliche Reform mit einer sofortigen Privatisierung und Umstellung auf ein vollständig kapitalgedecktes System. Das Konzept ist im Wesentlichen deckungsgleich mit den Vorstellungen des Kronberger Kreises und weist somit auch Parallelen zum Privatmodell in der Krankenversicherung (vgl. Kapitel 3.3.) auf.[33]

Jeder Bürger, darunter auch Rentner und bereits Pflegebedürftige, ist verpflichtet, eine private, kapitalgedeckte Pflegeversicherung über ein festgelegtes Mindestversicherungspaket abschließen. Die kostenfreie Mitversicherung von Kindern und Ehepartnern entfällt damit. Die gesetzlich verankerte Mindestversicherung soll einerseits im Gegensatz zum Status quo bei kostenintensiven Schwerstpflegefällen eine angemessene Betreuung ermöglichen und andererseits die eher einfachen und vorübergehenden Leistungen nicht mehr umfassen.[34] Es besteht die Möglichkeit, über den obligatorischen Mindestkatalog hinaus Zusatzleistungen mit einer additiven Versicherung abzudecken.

Die individuelle Prämienhöhe bildet sich im Wettbewerb der privaten Anbieter und wird risikoäquivalent und leistungsgerecht unter Berücksichtigung von übertragbaren Altersrückstellungen für jeden Bürger kalkuliert. Getragen wird diese Prämie ausschließlich vom Versicherungsnehmer. Dazu wird der Arbeitgeberanteil als steuerpflichtiger Bruttolohnbestandteil ausgezahlt. Jeder Versicherte übernimmt im Rahmen eines Selbstbehalts einen prozentualen Anteil an den anfallenden Pflegekosten. Um bei der zu tragenden Prämienbelastung soziale Härten abzufedern, ist eine Belastungshöchstgrenze von 50 Euro monatlich vorgesehen. In einigen Fällen kann mit dieser Prämienhöhe jedoch nur noch ein Teil der bislang gewährten Pflegeleistungen gesichert werden. Dies gilt vor allem für zum Zeitpunkt der Umstellung bereits Pflegebedürftige. In diesen Fällen wird Vertrauensschutz gewährt und durch staatliche Zuschüsse die hundertprozentigen bisherigen Leistungen lebenslang zugesichert. Für alle später auftretenden Pflegefälle werden die staatlichen Zu-

---

[33] Vgl. Schulze – Ehring, F.: Eine Modellsynopse zur Reform der Pflegeversicherung, a. a. O., S. 10.

[34] Vgl. Donges, J. B. u. a. (Kronberger Kreis): Tragfähige Pflegeversicherung, a. a. O., S. 24.

schüsse je nach Zeitpunkt des Eintritts der Pflegebedürftigkeit schrittweise verringert und die Eigenbeteiligungen erhöht.[35] Vorgeschlagen wird eine Übergangsphase von 20 Jahren, während der der Aufstockungszuschuss jährlich linear um 5 % abnimmt.[36] Hinsichtlich der Leistungsdynamisierung, einer evtl. Angleichung der ambulanten an die stationären Leistungen und der Berücksichtigung von Demenzkranken werden keine konkreten Aussagen getroffen.

Langfristig ist nach Ansicht vom Kronberger Kreis eine vollständige Integration der Pflegeversicherung in die Krankenversicherung anzustreben, da sich die Leistungen zwischen diesen beiden Zweigen oft nicht eindeutig abgrenzen lassen und es daher Versuche gibt, Versicherte von dem jeweils anderen Versicherer betreuen und behandeln zu lassen. Daher sei es sinnvoll, beide Versicherungen in der gleichen Gesellschaft zusammenzuführen. Diese Forderung ließe sich jedoch erst erfüllen, wenn auch im Gesundheitswesen (speziell in der GKV) auf marktwirtschaftliche Versicherungen umgestellt wird.[37]

4.3.3 Auswirkungen und Kritik

Im Mittelpunkt der beiden Modelle steht die Kompensation des durch die Alterung der Gesellschaft hervorgerufenen Kostenanstiegs. Diese soll im Konzept der Herzog-Kommission über stark erhöhte, einkommensabhängige Beiträge und eine verbreiterte Bemessungsgrundlage erfolgen. Die negativen Beschäftigungswirkungen des derzeitigen Systems werden also durch eine weitere Verteuerung der Arbeitskosten in der langen Übergangsphase noch verstärkt.[38] Diese voraussichtlich negativen Beschäftigungsauswirkungen werden bei der Pflegevorsorge vermieden, indem der Umstieg über staatliche Mittel getragen wird. Allein für die Gewährung des Vertrauensschutzes für Pflegebedürftige und pflegenahe Jahrgänge werden Haushaltsmittel in Höhe von jährlich 14 Mrd. Euro notwendig. Diese nehmen jedoch im Zeitverlauf ab. Zusätzlich findet eine weitere finanzielle Belastung durch

---

[35]   Ebd., S. 41f.
[36]   Vgl. Arentz, O. u. a.: Pflegevorsorge, a. a. O., S. 23f.
[37]   Vgl. Donges, J. B. u. a. (Kronberger Kreis): Tragfähige Pflegeversicherung, a. a. O., S. 33.
[38]   Ebd., S. 51.

die Sozialtransfers für durch die risikoabhängige Prämie finanziell überforderte Bevölkerungsteile statt.[39]

Beide Konzepte schaffen dadurch über verschiedene Wege eine generationengerechte und nachhaltige, neue Finanzierungsform. Die Verlagerung der Kosten auf unsere Kinder und Enkel wird somit beendet. Die Herzog-Kommission greift jedoch mit ihrem Konzept etwas zu kurz, weil anstelle von risikoäquivalenten Versicherungsbeiträgen lediglich eine pauschale Prämie eingeführt wird und die Versicherungsstrukturen größtenteils erhalten bleiben. Nur im Pflegevorsorge-Modell mit Äquivalenzbeiträgen und portablen Altersrückstellungen sind wirkliche Wettbewerbsbedingungen unter den Versicherern und damit auch effizientere Versorgungsstrukturen zu erwarten.[40] Darüber hinaus hält Herzog über einen langen Zeitraum am Umlageverfahren fest, während bei der Pflegevorsorge eine sofortige Umstellung, und somit auch eine unverzügliche Abkopplung von den Lohnkosten, erfolgt.

4.4 Zwischenfazit

Vor dem Hintergrund der erhöhten Sensibilität der Pflegeversicherung gegenüber der Alterung unserer Gesellschaft sollten langfristig ausgerichtete Reformabsichten Lösungsansätze zur Schulterung dieser zukünftigen Lasten beinhalten.

Die Ausweitung der Umlagefinanzierung im Rahmen der dargestellten Konzepte wird dieser Anforderung nicht gerecht. Sie setzt vielmehr auf einen positiven einnahmeseitigen Einmaleffekt zum Umstellungszeitpunkt, der durch die Verbreiterung der Beitragsbemessung und des Versichertenkreises entstehen soll. Langfristig gesehen wird sich jedoch durch die fehlende Installation einer Demografiereserve im Zusammenspiel mit den Leistungsausweitungen die Finanzsituation nicht verbessern, sondern voraussichtlich noch verschärfen. Wie im Bürgerversicherungsansatz zur Krankenversicherung haben auch hier Solidaritäts- und Umverteilungsaspekte innerhalb des Versicherungszweigs Vorrang vor ei-

---

39   Vgl. Schulze – Ehring, F.: Eine Modellsynopse zur Reform der Pflegeversicherung, a. a. O., S:11.
40   Vgl. Arentz, O. u. a.: Pflegevorsorge, a. a. O., S. 28.

ner Finanzreform, die eine zukunftssichere Grundlage zur Erhaltung des Leistungsniveaus gewährleistet.

Eine Umlagefinanzierung missachtet neben der Alterung die bereits erworbenen Leistungsansprüche (so genannte implizite Schulden), die erst zu einem späteren Zeitpunkt ausgabenwirksam werden. Zur Deckung dieser Kosten wird keine Vorsorge getroffen. Daher ist eine Reform innerhalb des bestehenden Umlagesystems vor allem im Interesse der nachwachsenden Generationen, die steigende Leistungsansprüche zu tragen haben, nicht zu empfehlen.

Eine auf Teilkapitalisierung ausgelegte Reform würde dagegen die Demografiesensibilität der Pflegeversicherung berücksichtigen. Durch Bildung von Kapitalstöcken über Zusatzversicherungen werden Reserven gebildet, durch die im Zeitverlauf steigende Pflegekosten abgefedert werden können. Jedoch wird eine volle, langfristige Kompensation dieser anwachsenden Kosten auch in den beiden dargestellten Optionen voraussichtlich nicht erreicht. Der intergenerative Lastenausgleich nach Rürup verfolgt nur eine temporäre, auf rund 30 Jahre angelegte Demografiereserve, die im weiteren Verlauf aufgelöst wird. Damit würde die nach 2040 vermutlich weiter fortschreitende, sozialpolitisch negative demografische Entwicklung die Politik erneut in eine finanzielle Zwangslage befördern. Diese ließe sich dann, ähnlich wie heute, nur durch Beitragssatzerhöhungen oder durch neuerliche Reformbemühungen beheben. Die Zusatzversicherung nach Stewens wäre dagegen permanent und langfristig als eigenständige Kapitalstocksäule im System verankert. Eine dauerhafte Deckung der Kosten, vor allem auch unter Berücksichtigung der Leistungsdynamisierung, ist aber angesichts der geringen Ausgangsprämienhöhe und der schwachen Wachstumsrate höchst fragwürdig. Außerdem ist unverständlich, dass die älteren Bevölkerungsteile nicht in die Zusatzversicherung einbezogen werden.

Der Übergang auf ein vollständig kapitalgedecktes System geht den richtigen Weg der Zurückdrängung des Umlageverfahrens noch einen Schritt weiter und ist somit aus Nachhaltigkeitsgesichtspunkten der sinnvollste Weg. Dennoch sind die beiden erörterten Modelle unterschiedlich zu bewerten. Als einziges von allen dargestellten Reformkonzepten erhöht der Vorschlag von Herzog bereits zum Zeitpunkt der Umsetzung die Lohnnebenkosten der

Arbeitnehmer. Dies hätte, isoliert betrachtet, negative Auswirkungen auf die Kaufkraft der Bevölkerung und auf die Wettbewerbsfähigkeit der sozialversicherungspflichtigen Beschäftigung auf dem Arbeitsmarkt. Dadurch könnte ceteris paribus bis zum Ende der Übergangsphase eine gesamtwirtschaftliche Belastung entstehen, die wiederum durch den Abbau sozialversicherungspflichtiger Beschäftigung Negativeffekte auf die Einnahmeseite der Pflegeversicherung auslösen könnte. Die lange Übergangsphase und somit vorübergehende Beibehaltung des Umlageverfahrens erweckt zusätzlich den Eindruck, die richtige Stoßrichtung nicht mutig und konsequent genug zu vertreten.

Diese Mentalität ist im Pflegevorsorge-Konzept nicht zu lokalisieren. Es propagiert einen sofortigen, umfassenden Systemumstieg, ohne dabei die Arbeitsverhältnisse zu belasten. Die notwendigen, hohen Umstiegskosten werden größtenteils auf den Staatshaushalt übertragen. Diese Maßnahme könnte den nachteiligen Effekt von Steuererhöhungen nach sich ziehen, die jedoch aufgrund des abnehmenden benötigten Finanzvolumens nicht langfristig bestehen bleiben müssten. Eine Verlagerung der Umverteilungskomponente und der impliziten Verschuldung vom Sozial- ins Steuersystem erscheint außerdem ordnungspolitisch sinnvoller als die Belastung der Arbeitseinkommen aufrecht zu erhalten.

Ein unverzüglicher Übergang in die risikoadjustierte Prämiengestaltung hätte durch den gewährten Vertrauensschutz auch keine wesentlichen Nachteile für die älteren Bevölkerungsteile. Fraglich ist jedoch die zukünftige Beibehaltung des Leistungsniveaus und Berücksichtigung der Demenzkranken, denn weder die Ausführungen der vbw noch die des Kronberger Kreises beinhalten Aussagen zur Leistungsdynamisierung und dem Demenzkrankheitsbild.

Trotz dieser Unklarheit wäre eine sofortige und umfassende Reform nach diesem Vorbild wünschenswert, um den 1995 begangenen Fehler einer Umlagefinanzierung schnellstmöglich zu korrigieren und eine langfristige Versorgung Not leidender, pflegebedürftiger Menschen zu sichern. Je länger diese Umstellung auf sich warten lässt, desto größer wird das demografische Ungleichgewicht und die implizite Schuldenlast, und somit schwinden auch immer mehr die Chancen auf eine grundlegende Reform.

5 Schlussfolgerung

Weder die neuerliche Gesundheitsreform noch die Pflegereform wird die Systeme langfristig tragfähig machen. Die akuten Finanzprobleme werden durch die beschlossenen Reformschritte abermals in die Zukunft verlagert und die Arbeitnehmer und Arbeitgeber durch die Anhebung der Pflegeversicherungsbeiträge noch stärker belastet. Daher sind umfassende Finanzreformen der beiden Versicherungszweige unausweichlich und sollten auf der politischen Agenda weiterhin ganz oben stehen.

Bei der Beurteilung und Gegenüberstellung der verschiedenen Modelle im Rahmen dieser Arbeit stellte sich sowohl in der Kranken- als auch in der Pflegeversicherung das am marktwirtschaftlichsten orientierte Konzept als überlegen heraus. Es wird den drängenden und tief greifenden Problemen der beiden Versicherungszweige am ehesten gerecht, da es eine vollständige Abkehr vom derzeitigen, defizitären GKV-System anstrebt. Anders als z. B. die Bürgerversicherung setzt es nicht auf eine weitere Verstaatlichung und Zwangskollektivierung sondern auf ein liberales System, welches den mündigen Bürger in den Vordergrund stellt.

„Eine einseitige sozialistisch geprägte Vorstellung von Solidarität hat uns an den Rand der Funktionsfähigkeit sozialer Sicherung gebracht. Nur ein neoliberaler Ansatz, der das Verhalten freier Menschen genauer erfasst, kann echte Solidarität bewahren und mit Innovationsstärke verbinden."[1]

Ein konsequent privatisierter Gesundheits- und Pflegemarkt kann auf allen Ebenen Verbesserungen herbeiführen. Die hierdurch freigesetzten, wettbewerblichen Kräfte fördern Leistungs- und Effizienzverbesserungen unter den Versicherern, den Leistungserbringern und den Arzneimittelherstellern. So bieten das Privatmodell und die Pflegevorsorge den Nährboden für Innovationen und Forschung im Gesundheitssektor, dessen großes ökonomisches Potential so am effektivsten ausgeschöpft werden kann. Die Versicherten werden nicht länger mit Einheitstarifen bevormundet und zu einer Vollkaskomentalität verleitet, sondern durch Wahltarife im Zusammenspiel mit den Selbstbehalten zu mehr Eigenver-

---

[1] Rogowski, M.: 20 Thesen Für ein neues Wirtschaftswunder, München 2004, S. 137.

antwortung befördert. Diese leichte Abkehr vom Solidar- zum Verursachungsprinzip kann in der Bevölkerung einen Mentalitätswechsel hin zu gesundheitsbewussterem Verhalten und mehr Prävention auslösen. Mittel- bis langfristig würde so der Gesundheitszustand der Bevölkerung verbessert und damit einhergehend die Kostensteigerungen wirkungsvoll gedämpft werden. Dabei findet durch den Sozialausgleich keine finanzielle Überforderung von sozial schwachen Bevölkerungsschichten statt und die Mindestversicherung gewährleistet die Abdeckung der durch schwere Erkrankungen oder hoher Pflegebedürftigkeit entstehenden finanziellen Belastungen.

Die risikobezogenen Prämien mit Kapitaldeckungscharakter führen zu einer neuen Art von Generationengerechtigkeit und Nachhaltigkeit. Die Lasten der demografischen Entwicklung werden nicht länger einseitig auf die nachwachsenden Generationen verschoben, sondern auch ältere Generationen durch höhere Prämien herangezogen. Um die älteren Generationen dabei nicht zu überfordern und ihnen Vertrauensschutz zu gewähren, sind vor allem in der höchst demografiesensiblen Pflegeversicherung Übergangsphasen notwendig, die ein großes Finanzvolumen staatlicherseits erfordern. Damit werden aber lediglich die im derzeitigen System impliziten Schulden explizit gemacht und abgebaut, während bei einer Beibehaltung der Umlagefinanzierung diese systemimmanenten Kosten weiter in die Zukunft verschoben werden. Nach der kostenintensiven Übergangsphase wären diese Lasten abgebaut und zusammen mit den Altersrückstellungen wäre das neue System demografieresistent und somit zukunftssicher.

Durch die einkommensunabhängigen Prämien entsteht ein beschäftigungsfreundlicherer Charakter und zusammen mit dem Sozialausgleich wird die Pflege- und Krankenversicherung von der Einkommensumverteilung befreit. Die Umverteilung würde zukünftig dort erfolgen, wo sie zielgerichteter und umfassender durchgeführt werden kann: im Steuersystem.

Neben diesen vielen positiven Aspekten und Effekten verbleiben jedoch auch kritische bzw. ungewisse Wirkungen, die eine derartige Privatisierung nach sich ziehen könnten. Die präferierten Konzepte machen zur Ausgestaltung des Sozialausgleichs, besonders zu den Belastungshöchstgrenzen, nur unzureichende Angaben. Daher ist die Beurteilung über die Verteilungswirkungen ungewiss. Würde die Belastungsgrenze relativ hoch angesetzt, hätten die allein zu tragenden Prämien für einen erheblichen Bevölkerungsteil negative Einkommenseffekte. Würde dagegen die Grenze sehr niedrig angesetzt, könnten die umfangreichen Prämiensubventionen zu einer Überlastung des Staatshaushaltes führen. Des Weiteren bleibt auch eine genaue Definition des jeweiligen Mindestversicherungspaketes aus. Das wirft die Frage auf, welche Maßstäbe bei der Festlegung des medizinisch Notwendigen angelegt werden, wer darüber entscheidet, und ob nicht im Zeitverlauf der Leistungskatalog der Mindestversicherung immer stärker beschränkt wird.

Trotz dieser nicht zu vernachlässigenden Unwägbarkeiten verspricht die radikal privatwirtschaftliche Ausrichtung mit sozialer Abfederung die Problemfelder am effektivsten und nachhaltigsten zu bekämpfen und zudem innerhalb der Systeme die durch staatliche Reglementierungen gehemmten Dynamisierungspotentiale entfalten zu lassen. In der derzeitigen Lage der Sozialsysteme sollten sich die vielen Chancen dieser Modelle gegenüber den wenigen Risiken durchsetzen, denn jede Beibehaltung bzw. Verfestigung des Status quo wäre ein Rückschritt und eine Verschärfung der „demografischen Zeitbombe".

6 Reformausblick

Die Umsetzung der angestrebten liberalen Modelle ist aufgrund der derzeit im Deutschland vorherrschenden politischen und gesellschaftlichen Verhältnisse relativ unrealistisch. Seit der letzten Bundestagswahl entwickeln sich die politischen Strömungen und Präferenzen zunehmend in eine wirtschafts- und sozialpolitisch konträre Richtung. Mit Ausnahme der FDP versuchen sämtliche im Bundestag vertretenen Parteien ihr soziales Profil zu schärfen. Auch die CDU, die auf ihrem Leipziger Parteitag 2003 noch neben dem Gesundheitsprämienmodell auch für ein radikales neues Steuermodell votiert hatte, distanziert sich immer ausgeprägter von der wirtschaftliberalen Politik.

In den Medien und gesellschaftlichen Diskussionen dominieren Themen wie Mindestlohn, Höchstlohn bei Managern, Laufzeitverlängerung und Erhöhung von Transferleistungen und der sozial ungerechten Vermögensverteilung in der Gesellschaft. In einem solchen Klima haben privatwirtschaftlich ausgerichtete Reformabsichten mit einkommensunabhängiger Beitragsgestaltung keine Aussicht auf die benötigten politischen Mehrheiten. Ein weiterer Widerstand lässt sich aus der Altersstruktur der Bevölkerung ableiten. Der Anteil älterer Menschen, die entweder bereits im Rentenalter oder in dessen Nähe stehen, ist erheblich und wächst im Zuge der Gesellschaftsalterung noch weiter an, und somit auch dessen Wählerpotential. Da diese Gruppen von den Status-quo-Regelungen der Kranken- und Pflegeversicherung profitieren, besteht bei ihnen kein Interesse an einer Systemänderung.

Aus diesen Gründen ist es nicht verwunderlich, dass die auf dem ersten Blick plausibel und im höchsten Maße solidarisch erscheinenden Bürgerversicherungsmerkmale zunehmend auf breite Zustimmung stoßen. Die komplexeren Prämienmodelle lassen sich dagegen ebenso leicht und plausibel als unsolidarisch diffamieren. Komplexe Gesamtkonzepte und Analysen der Wissenschaftler gelangen nur sehr schwer an die breite Öffentlichkeit, weil die mediale Diskussion vor allem in Boulevardmedien überwiegend nur oberflächlich und an Schlagworte, wie z. B. der „Kopfpauschale", geknüpft erfolgt. Anders als in den Niederlanden, wo eine liberale Reformmentalität vorherrscht, existieren in Deutschland viele einflussreiche divergierende Interessenverbände, wie z. B. die Pharmakonzerne oder Ärztevereinigungen. Durch wirkungsvolle Lobbyarbeit werden sogar kleine, notwendige Reformen (z. B. die beabsichtigte Einführung von Positivlisten) blockiert und letztendlich in den meisten Fällen verhindert.

Aufgrund des beschriebenen nationalen Reformumfeldes kommt voraussichtlich mittelfristig nur eine Reform in Betracht, die am alten System festhält und lediglich die Einnahmebasis erweitert. Die Bürgerversicherung würde nur zu einer kurzzeitigen Linderung der Symptome des kränkelnden Gesundheitswesens führen, zur Heilung der chronischen Krankheit ist sie die falsche Medizin.

Anhang

Anlagenverzeichnis

A. 1: Struktur der Krankenversicherung (2006)

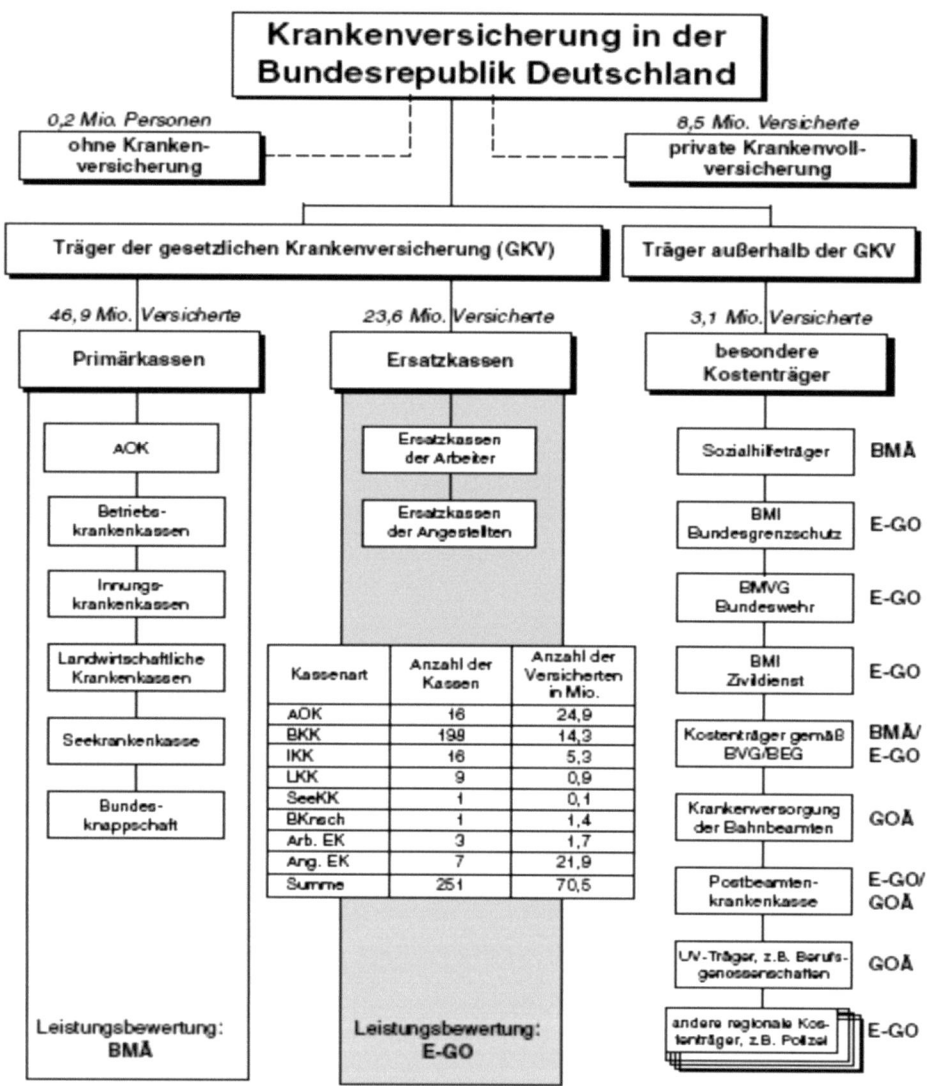

Quelle: Kassenärztliche Bundesvereinigung: Struktur der Krankenversicherung in der BRD, in:http://daris.kbv.de/daris/doccontent.dll?LibraryName=EXTDARIS^DMSSLAVE&SystemType=2&LogonId=513f6f32c37b9889d5382359e0ad1986&DocId=003754963&Page=1, 18.10.2007.

A. 2: Standardisierte Ausgabenprofile nach Alter und Geschlecht

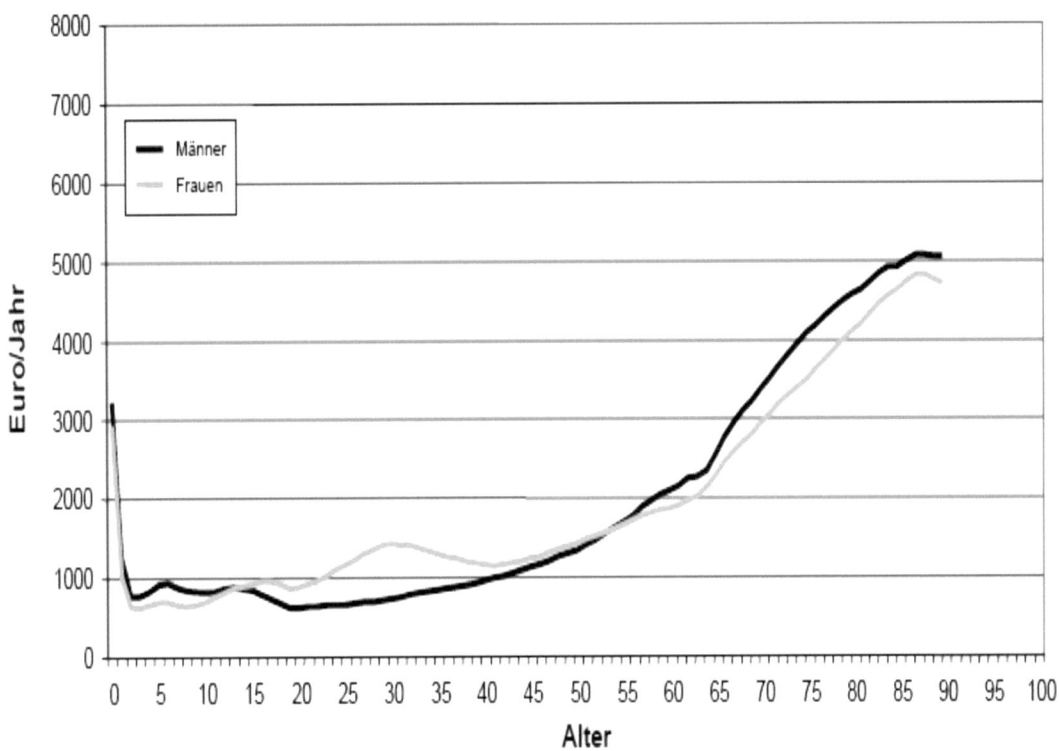

Anmerkung: durchschnittliche Leistungsausgaben pro Kopf

Quelle: Henke, K.-D. ; Reimers, L.: Zum Einfluss von Demografie und medizinisch-technischen
            Fortschritt auf die Gesundheitsausgaben, Datengrundlage: Bundesversicherungsamt, in:
            http://www.ww.tu-berlin.de/diskussionspapiere/2006/dp08-2006.pdf, S. 6, 05.11.2007.

A: 3: Finanzentwicklung der Sozialen Pflegeversicherung 1996 - 2006

Die Finanzentwicklung der sozialen Pflegeversicherung
Ist-Ergebnisse ohne Rechnungsabgrenzung [1]

Bezeichnung	1995	1996	1997	1998	1999	2000	2001	2002	2003	2004	2005	2006
	in Mrd. € *)											
Einnahmen												
Beitragseinnahmen	8,31	11,90	15,77	15,80	16,13	16,31	16,56	16,76	16,61	16,64	17,38	18,36
davon												
Beiträge an Pflegekassen	6,85	9,84	13,06	13,04	13,32	13,46	13,66	13,57	13,30	13,28	13,98	14,94
Beiträge an den Ausgleichsfonds	1,46	2,06	2,71	2,76	2,80	2,86	2,90	3,19	3,31	3,36	3,40	3,42
Sonstige Einnahmen	0,09	0,14	0,17	0,20	0,19	0,23	0,25	0,22	0,25	0,23	0,12	0,13
Einnahmen insgesamt	8,41	12,04	15,94	16,00	16,32	16,54	16,81	16,98	16,86	16,87	17,49	18,49
Ausgaben												
Leistungsausgaben	4,42	10,25	14,34	15,07	15,55	15,86	16,03	16,47	16,64	16,77	16,98	17,14
davon												
Geldleistung	3,04	4,44	4,32	4,28	4,24	4,18	4,11	4,18	4,11	4,08	4,05	4,02
Pflegesachleistung	0,69	1,54	1,77	1,99	2,13	2,23	2,29	2,37	2,38	2,37	2,40	2,42
Pflegeurlaub	0,13	0,13	0,05	0,06	0,07	0,10	0,11	0,13	0,16	0,17	0,19	0,21
Tages-/Nachtpflege	0,01	0,03	0,04	0,05	0,05	0,06	0,07	0,08	0,08	0,08	0,08	0,09
Zusätzliche Betreuungsleistungen								0,00	0,01	0,02	0,02	0,03
Kurzzeitpflege	0,05	0,09	0,10	0,11	0,12	0,14	0,15	0,16	0,16	0,20	0,21	0,23
Soziale Sicherung der Pflegepersonen	0,31	0,93	1,19	1,16	1,13	1,07	0,98	0,96	0,95	0,93	0,90	0,86
Pflegemittel/ techn. Hilfen etc.	0,20	0,39	0,33	0,37	0,42	0,40	0,35	0,38	0,36	0,34	0,38	0,38
Vollstationäre Pflege	0,00	2,69	6,41	6,84	7,18	7,48	7,75	8,00	8,20	8,35	8,52	8,67
Vollstationäre Pflege in Behindertenheimen	0,00	0,01	0,13	0,22	0,20	0,21	0,21	0,21	0,23	0,23	0,23	0,24
Hälfte der Kosten des Medizinischen Dienstes	0,23	0,24	0,23	0,24	0,24	0,24	0,25	0,26	0,26	0,27	0,28	0,27
Verwaltungsausgaben [2]	0,32	0,36	0,55	0,56	0,55	0,56	0,57	0,58	0,59	0,58	0,59	0,62
Sonstige Ausgaben	0,00	0,01	0,01	0,02	0,01	0,02	0,02	0,01	0,06	0,07	0,00	0,00
Ausgaben insgesamt	4,97	10,86	15,14	15,88	16,35	16,67	16,87	17,36	17,56	17,69	17,86	18,03
Liquidität												
Überschuß der Einnahmen	3,44	1,18	0,80	0,13	---	---	---	---	---	---	---	0,45
Überschuß der Ausgaben	---	---	---	---	0,03	0,13	0,06	0,38	0,69	0,82	0,36	---
Investitionsdarlehen an den Bund	-0,56	---	---	---	---	---	---	+0,56	---	---	---	---
Mittelbestand am Jahresende	2,87	4,05	4,86	4,99	4,95	4,82	4,76	4,93	4,24	3,42	3,05	3,50
in Monatsausgaben lt. Haushaltsplänen der Kassen	3,93	2,96	3,77	3,70	3,61	3,37	3,27	3,34	2,82	2,27	2,01	2,29

* Werte der amtlichen Statistik wurden von DM in € umgerechnet.

[1] Abweichungen in den Summen durch Rundungen

[2] 1995 einschließlich Vorlaufkostenerstattung an die Krankenkassen

Quelle: Bundesministerium für Gesundheit: Die Finanzentwicklung der SPV, in:
http://www.bmg.bund.de/cln_040/nn_773096/SharedDocs/Download/DE/Themenschwerp
unkte/Pflegeversicherung/Informationen/03-Die-Finanzentwicklung-der-sozialen-
PV,templateId=raw,property=publicationFile.pdf/03-Die-Finanzentwicklung-der-sozialen-
PV.pdf, 20.12.2007.

Literaturverzeichnis

Bücher und Gesetzestexte

Beck-Texte (Hrsg.): Sozialgesetzbuch, 35. Aufl., o. O. 2007, Deutscher Taschenbuch Verlag

Busse, R.; Riesberg, A.: Gesundheitssysteme im Wandel: Deutschland, Berlin 2005, Medizinische Wissenschaftliche Verlagsgesellschaft MWV

Donges, J. B. u. a. (Kronberger Kreis): Tragfähige Pflegeversicherung, Berlin 2005, Stiftung Marktwirtschaft (Schriftenreihe)Band 42

Oberender, P. / Hebborn, A. / Zerth, J.: Wachstumsmarkt Gesundheit, Stuttgart 2002, Lucius & Lucius Verlagsgesellschaft

Pimpertz, J.:
- Den Kollaps vermeiden – eine Therapie für das deutsche Gesundheitswesen, Köln 2005, Deutscher Institutsverlag
- Solidarische Finanzierung der gesetzlichen Krankenversicherung – vom lohnbezogenen Beitrag zur risikounabhängigen Versicherungsprämie, Köln 2003, Deuter Institutsverlag

Robert-Koch-Institut (Hrsg.): Gesundheit in Deutschland. Gesundheitsberichterstattung des Bundes, Berlin 2006

Rogowski, M.: 20 Thesen Für ein neues Wirtschaftswunder, München 2004, Bertelsmann Verlag

Slesnia, W (Hrsg.): Reformierung des Gesundheitssystems oder: In welchem Gesundheitssystem wollen wir leben?, Wiesbaden 2005, VS Verlag für Sozialwissenschaften

Online im Internet

Albrecht, M. u. a.: Stabilisierung der Finanzierungsbasis und umfassender Wettbewerb in einem integrierten Krankenversicherungssystem, in: http://www.iges.de/leistungen/ finanzierung__gesetzgebung/finanzierungsreform/index_ger.html, Zugriff: 20.11.2007; Stand: 02 / 2006

Allianz: Dresdner Economic Research (o. V.): Pflegeversicherung und Pflegesektor in Deutschland: Herausforderungen und Chancen, in: http://www.group-economics.allianz.com/ de/publikationen/working_papers/wp_pflege.html, Zugriff: 03.12.2007; Stand: 10 / 2007

Allinger, H. J.: Bürgerversicherung und Kopfpauschale haben vieles gemeinsam, in: http://www.wiwi.uni-passau.de/fileadmin/dokumente/lehrstuehle/wilhelm/ Working_Papers_PDF/V-42-06.pdf, Zugriff: 12.11.2007; o. S.

AOK Bundesverband (o. V.):
- Gesundheitsreform im Überblick, in: http://www.aok-bv.de/politik/reformwerkstatt/ reform2006/index_10568.html, Zugriff: 29.10.2007; o. S.
- Entschuldung, in: http://www.aok-bv.de/politik/reformwerkstatt/ reformglossar/index_08938.html, Zugriff: 25.10.2007
- Eckpunkte zur Gesundheitsreform, in: http://www.aok-bv.de/imperia/ md/content/aokbundesverband/dokumente/pdf/presse/06.pdf , Zugriff: 25.10.2007; Stand: 08 / 2006
- Blickpunkt, in: http://www.aok-bv.de/imperia/md/content/aokbundesverband/ dokumente/pdf/service/blickpunkt_11_03.pdf, Zugriff: 10.11.2007; Stand: 11 / 2003

Arbeitsgemeinschaft Finanzen (o. V.): Durchschnittlicher GKV-Krankenkassenbeitrag steigt, in: http://www.arbeitsgemeinschaft-finanzen.de/weblog/20070114/durchschnittlicher-gkv-krankenkassenbeitrag-steigt, Zugriff: 05.11.2007; Stand 01 / 2007

Arentz, O. u. a.: Pflegevorsorge, in: http://www.vbw-bayern.de/agv/data/media/_stories/ 458/Pflegevorsorge.pdf, Zugriff: 06.12.2007; Stand: 09 / 2004

Ärztliche Praxis (o. V.): Voller Kassenbeitrag für Arbeitslose, in: http://www.aerztlichepraxis.de/ artikel_politik_aktuell_aok_1187948676.htm, Zugriff: 03.11.2007; Stand: 08 / 2007

Becker, Ann-Katrin: Das niederländische Gesundheitsministerium – unser Nachbar ganz fern, in: http://gesundheitspolitik.verdi.de/internationales/gesundheitsreformen_auch_in_den_nachbarlaend ern/niederlande, Zugriff: 26.11.2007; Stand: 04 / 2007

Beitragsbemessungsgrenze (o. V.): Beitragsbemessungsgrenze 2007, in: http://www.beitragsbemessungsgrenze.com , Zugriff: 21.10.2007; Stand: 2007

BKK (o. V.):

- Entwicklung der Kassenzahl, in: http://www.bkk.de/ps/tools/ download.php?file=/bkk/pressemitteilungen/psfile/downloaddatei/42/PM_05_02_041ff7ec d5e5a2.pdf&name=%DCbersicht%20der%20Anzahl%20der%20Krankenkassenanzahl%20 nach%20Kassenarten&id=176&nodeid=15, Zugriff: 21.10.2007; o. S.
- Neuregelung zur Versicherungsfreiheit, in: http://www.ikk.de/ikk/generator/ikk/fuer-arbeitgeber/aktuelles/79754,i=l.html, Zugriff: 25.10.2007; o. S.

Bredl, C.: Bürgerversicherung – Kopfpauschale, in: www.vdak.de/LVen/BAY/Standpunkte/ Buergerversicherung_-_Kopfpauschale/Buergerversicherung_Kopfpauschale.ppt, Zugriff: 10.10.2007; Stand: 10 / 2004

Brouwer, W. / Rutten, F.: Die Gesundheitsreform in Holland, in: http://www.pfizer.de/pdf/ unternehmen/themen_und_infos/holland.pdf, Zugriff: 24.11.2007; Stand: 12 / 2005

Bundesinnung der Hörgeräteakustiker (o. V.): Verschiebebahnhof und versicherungsfremde Leistungen belasten die GKV, in: http://www.biha.de/ modules.php?op=modload&name=News&file=article&sid=130 , Zugriff: 05.11.2007; Stand: 01 / 2003

Bundesministerium für Gesundheit (o. V.):

- Informationen zur Gesundheitsreform 2007, in: http://www.die-gesundheitsreform.de/ gesundheitsreform/ueberblick/pdf/20070326_gesundheitsreform_ppt.pdf, Zugriff: 26.10.2007; Stand: 03 / 2007
- Kosten-Nutzen-Bewertung, in: http://www.die-gesundheitsreform.de/glossar/kosten_nutzen_bewertung.html , Zugriff: 27.10.2007
- Spitzenverband Bund der Krankenkassen, in: http://www.die-gesundheitsreform.de/ glossar/spitzenverband_bund.html , Zugriff: 29.10.2007; o. S.

- Steuerzuschüsse, in: http://www.die-gesundheitsreform.de/glossar/steuerzuschuesse.html, Zugriff: 05.11.2007; o. S.

- Die soziale Pflegeversicherung in der Bundesrepublik Deutschland – Statistischer und finanzieller Bericht 2003, 2004, in: http://www.bmg.bund.de/cln_040/nn_601068/SharedDocs/Download/DE/Themenschwerpunkte/Pflegeversicherung/Informationen/Soziale-Pflegeversicherung-pdf,templateId=raw,property=publicationFile.pdf/Soziale-Pflegeversicherung-pdf.pdf , Zugriff: 05.12.2007; Stand: 2006

- Statistiken Pflege: Leistungsempfänger nach Leistungsarten 2006, in: http://www.bmg.bund.de/cln_041/nn_773096/SharedDocs/Download/DE/Themenschwerpunkte/Pflegeversicherung/Informationen/12-Leistungsempfaenger-Durchschnitt2005-x,templateId=raw,property=publicationFile.xls/12-Leistungsempfaenger-Durchschnitt2005-x.xls, Zugriff: 05.12.2007; o. S.

- Infografiken zur Pflegeversicherung, in: http://www.bmg.bund.de/nn_604244/DE/Themenschwerpunkte/Pflegeversicherung/infografiken.html, Zugriff: 05.12.2007; o. .S.

- Gesetzentwurf zur strukturellen Weiterentwicklung der Pflegeversicherung (Pflege-Weiterentwicklungsgesetz), in: http://www.bmg.bund.de/cln_041/nn_604244/SharedDocs/Gesetzestexte/Entwuerfe/Pflege-Weiterentwicklungsgesetz,templateId=raw,property=publicationFile.pdf/Pflege-Weiterentwicklungsgesetz.pdf, Zugriff: 05.12.2007; Stand: 10 / 2007

- Kennzahlen und Faustformeln, in: http://www.bmg.bund.de/cln_040/nn_601096/SharedDocs/Download/DE/Datenbanken-Statistiken/Statistiken-Gesundheit/Gesetzliche-Krankenversicherung/Kennzahlen-und-Faustformeln/Kennzahlen-und-Faustformeln,templateId=raw,property=publicationFile.pdf/Kennzahlen-und-Faustformeln.pdf, Zugriff: 22.12.2007; Stand: 03 / 2007

- Versicherungspflichtgrenze, in: http://www.die-gesundheitsreform.de/glossar/versicherungspflichtgrenze.html, Zugriff: 13.10.2007; o. S.

Bundesregierung (o. V.):

- Finanzielle Situation, in: http://www.bundesregierung.de/Content/DE/StatischeSeiten/Breg/ThemenAZ/pflegeversicherung-2006-08-03-finanzielle-situation.html, Zugriff: 03.12.2007; o. S.

- Kernpunkte der Pflegereform, in: http://www.bundesregierung.de/Content/DE/Artikel/2007/10/Anlagen/2007-10-17-kernpunkte-pflegereform-barrierefrei,property=publicationFile.pdf, Zugriff: 05.12.2007; o. S.

Bundesvereinigung der Deutschen Arbeitgeberverbände (o. V.): Konzept für eine nachhaltige Reform der gesetzlichen Krankenversicherung, in http://www.bda-online.de/www/bdaonline.nsf/id/694A81F255EAE7ECC12570F4002AC987/$file/Gesundheitspraemienmodell.pdf , Zugriff: 25.11.2007; Stand: 01 / 2006

Bundeszentrale für politische Bildung (o. V.):
- Entwicklung der Sozialversicherungsbeiträge, in: http://www.bpb.de/wissen/5RAYLD,,0,Entwicklung_der_Sozialversicherungsbeitr%E4ge.html, Zugriff: 12.12.2007; Stand: 11 / 2004
- Sachleistungsprinzip, in: http://www.bpb.de/sosi/popup/lexikon.php?id=49, Zugriff 18.10.2007; o. S.
- Die Einnahmeschwäche der GKV, in: http://www.bpb.de/themen/WZDR7I,0,Gesundheitspolitik_Lernobjekt.html?lt=AAA397&guid=AAA327, Zugriff: 05.11.2007; o. S.
- Die zentralen Problemfelder im Überblick, in: http://www.bpb.de/popup/popup_druckversion_sosi.html?guid=WZDR7I&sosi_guid=AAA232&sosi_lt=AAA397#AAA477, Zugriff: 05.11.2007; o. S.

CDU Deutschland: Parteitagsbeschluss „Deutschland fair ändern" (2003), in: http://www.cdu.de/doc/pdf/03_12_01_Beschluss_PT_Deutschland_fair_aendern.pdf, Zugriff: 08.11.2007; o. S.

Comfortplan (o. V.): Wer kann eine private Krankenversicherung abschließen?, in: http://www.comfortplan.de/krankenversicherung/krankenversicherung_privat.html , Zugriff: 5.10.2007; o. S.

Deutsche Krankenhausgesellschaft (o. V.): Endbericht der „Herzog-Kommission" zur Reform der sozialen Sicherungssysteme, in: http://www.dkgev.de/dkgev.php/cat/72/aid/561/title/Endbericht+der+%84Herzog-Kommission%93+zur+Reform+der+sozialen+Sicherungssysteme, Zugriff: 10.11.2007; Stand: 10 / 2003

Die Gesetzlichen Krankenkassen (o. V.): Gemeinsame Stellungnahme, in: http://www.g-k-v.com/gkv/fileadmin/user_upload/Positionen/stellungnahme_20061106.pdf, Zugriff: 05.11.2007; Stand: 10 / 2006

Eeckhoff, J. u. a.: Privatversicherung für alle – Ein Zukunftsmodell für das Gesundheitswesen, in: http://www.stiftung-marktwirtschaft.de/module/Argument92.pdf, Zugriff: 22.11.2007; Stand: 08 / 2005

Erdmann, Y.: Reformzwänge und Reformoptionen im deutschen Gesundheitswesen, in: http://www.yeconsult.de/texte/gesundheitsreform.pdf, Zugriff: 05.11.2007; Stand: 2003

FDP Deutschland: Die liberale Gesundheitsreform mit Langzeitwirkung - Aktionspaket, in: http://www.fdp-bundespartei.de/files/957/Aktionspaket_Gesundheit.pdf, Zugriff: 20.11.2007; Stand: 07 / 2006

Fickinger, N.: Kabinett beschließt Pflegereform, in: http://www.faz.net/s/ Rub594835B672714A1DB1A121534F010EE1/Doc~E4DAC93FF34C148978C30275986E28447~ ATpl~Ecommon~Scontent.html?rss_aktuell, Zugriff: 06.12.2007; Stand: 10 / 2007

Finanztip (o. V.): Gesundheitsreform 2007, in: http://www.finanztip.de/recht/ sozialrecht/gesundheitsreform.htm, Zugriff: 26.10.2007; o. S.

Focus (o. V.): Bundesrat billigt Gesundheitsreform, in: http://www.focus.de/politik/deutschland/ beschluss_aid_124769.html , Zugriff: 26.10.2007; Stand: 02 / 2007

Germis, C. / Scherff, D.: Die Gesundheitsprämie – Ein Wahlkampfschlager, in: http://www.faz.net/s/RubFC06D389EE76479E9E76425072B196C3/Doc~E7DC7AC034E8246D0 AF95AFD6070991B2~ATpl~Ecommon~Scontent.html, Zugriff: 18.11.2007; Stand: 10 / 2004

Gerstenberg, M.: Bildergalerie Gesundheitsreform, in: http://www.zeit.de/online/2007/06/ bildergalerie-gesundheitsreform?5, Zugriff: 27.10.2007; Stand: 06 / 2007.

Häcker, J.: Die soziale Pflegeversicherung in Deutschland – Diagnose und Therapie, in: http://vorarlberg.hilfswerk.at/download.php?id=190, Zugriff: 06.12.2007; Stand: 12 / 2006

Häcker, J. u. a.: Reformkonzepte der Gesetzlichen Pflegeversicherung auf dem Prüfstand, in: http://www.insm.de/Downloads/PDF_-_Dateien/Schriftdokumente/INSM_Pflegestudie.pdf, Zugriff: 06.12.2007; Stand: 04 / 2005

114

Hans-Böckler-Stiftung (o. V.): Finanzierungsalternativen für die GKV, in: http://boeckler.de/pdf/pk_inifes_10_02_2006.pdf, Zugriff: 03.11.2007; Stand: 02 / 2006

Henke, K.-D. ; Reimers, L.: Zum Einfluss von Demografie und medizinisch-technischen Fortschritt auf die Gesundheitsausgaben, in: http://www.ww.tu-berlin.de/diskussionspapiere/ 2006/dp08-2006.pdf, Zugriff: 05.11.2007; Stand: 12 / 2007

Herles, D.: Die gesetzliche Krankenversicherung, in: http://www.gesundheitspolitik.net/ 01_gesundheitssystem/krankenversicherung/gkv/KBVfobi02-GKV0006.pdf, Zugriff: 18.10.2007; Stand: 06 / 2000

Hovermann, E: Überblick über die Reformmodelle im Gesundheitswesen, in: http://www.eike-hovermann.de/arbeitsbereiche/reformmodelle.htm, Zugriff: 11.10.2007; Stand: 04 / 2005

Hüttemann, M.: Die Wahlprogramme der Parteien zur Gesundheitspolitik, in: http://www.thieme.de/viamedici/aktuelles/artikel/wahl.html#anker5, Zugriff: 10.11.2007; Stand: 08 / 2005

Jacobs, K.: Kein Beschluss aus einem Guss, in: http://wido.de/fileadmin/wido/downloads/ pdf_gesundheitssystem/wido_ges_jacobs_gg_0304.pdf, Zugriff: 13.11.2007; Stand: 03 / 2004

Jacobs, K. u. a.: Bürgerversicherung versus Kopfpauschale – Alternative Finanzierungsgrundlagen für die Gesetzliche Krankenversicherung, in: http://www.sozialpolitik-aktuell.de/docs/FES_BUERGERVERSICHERUNG.pdf, Zugriff: 11.10.2007; Stand: 11 / 2003

Kassenärztliche Bundesvereinigung (o. V.): Struktur der Krankenversicherung in der BRD, in: http://daris.kbv.de/daris/doccontent.dll?LibraryName=EXTDARIS^DMSSLAVE&SystemType=2 &LogonId=6fc6c90c75487f9c31cde032ca9ec33e&DocId=003754962&Page=1, Zugriff: 18.10.2007; Stand: 2006

Kazmierczak, L.: Eine Krankenversicherung für alle Niederländer, in: http://www.tagesschau.de/ ausland/meldung142488.html, Zugriff: 23.11.2007; Stand: 01 / 2006

Kommission „Soziale Sicherheit": Bericht zur Reform der sozialen Sicherungssysteme, in: http://www.bdi-initiativ-vitalegesellschaft.de/Bericht_Herzog-Kommission.PDF,

Zugriff: 11.11.2007; o. S.

Kordfelder, A.: Demografische und gesellschaftliche Entwicklungen - Folgerungen für Rheine, in: http://www.rheine.de/pics/medien/1_1132840785/Demographischer_Wandel_Frau_Dr__Kordfelder.pdf, Zugriff: 10.12.2007; o. S.

Krankenkassen Direkt (o. V.): Kernpunkte der Gesundheitsreform, in: http://www.gesundheitsstrukturreform.de/services/faq.pl?val=1193664540&job=uni&faq=8295980 , Zugriff: 30.10.2007; o. S.

Krankenkassentarife (o. V.): Gesetzliche Krankenkasse - Grundlagen, in: http://www.krankenkassentarife.de/krankenkassen_grundlagen.htm , Zugriff: 18.10.2007; Stand: 12 / 2007

Lass, K.: Die Gesundheitsreform in den Niederlanden – Ein Vorbild für Deutschland?, in: http://library.fes.de/pdf-files/id/03896.pdf, Zugriff: 23.11.2007; Stand: 08 / 2006

Lauterbach, K.: Die Bürgerversicherung, in: http://www.medizin.uni-koeln.de/kai/igmg/Buergerversicherung.pdf, Zugriff: 09.10.2007; o. S.

Lauterbach, K. u. a.: Auswirkungen einer Bürgerversicherung in der Pflegeversicherung, in: http://www.gesundheitspolitik.net/01_gesundheitssystem/reformkonzepte/pflegeversicherung/BuergerVers-PflegeV-0504.pdf, Zugriff: 22.12.2007; Stand: 03 / 2005

Lichtenberg, G.-C.: Sudelbücher Heft K (293), in: http://www.lichtenberg-gesellschaft.de/l_wirk_sudel_02.html, Zugriff: 10.12.2007; o. S.

Medizinischer Dienst der Spitzenverbände der Krankenkassen (o. V.): Richtlinien der Spitzenverbände der Pflegekassen zur Begutachtung von Pflegebedürftigkeit nachdem XI. Buch des SGB, in: http://www.mdk-niedersachsen.de/alt_datei/Begutachtungsrichtlinien060901.pdf, Zugriff: 08.12.2007; Stand: 08 / 2006

Oberender, P. / Fleckenstein, J.: Reform der sozialen Pflegeversicherung in Deutschland - Entschärfung einer „Zeitbombe", in: http://www.fiwi.uni-bayreuth.de/Workingpapers/WP_05-04.pdf, Zugriff: 10.12.2007; Stand: 05 / 2004

OECD (o. V.): Gesundheitsdaten Deutschland 2007, in: http://www.oecd.org/ dataoecd/46/1/39013139.pdf, Zugriff: 01.11.2007; Stand: 07 / 2007

Pfaff, A. B. u. a.:

- Finanzierungsalternativen in der GKV - Zusammenfassung, in: http://www.boeckler.de/ pdf/fof_buergerversicherung_pfaff_08_2004.pdf, Zugriff: 09.10.2007; o. S.
- Finanzierungsalternativen in der GKV – Einflussfaktoren und Alternativen zur Weiterentwicklung, in: http://sozialpolitik.verdi.de/ dokumentenablage_fuer_verlinkungen_bereich_sopo2/dokumente_gesundheitspolitk_buer gerversicherung/data/pfaff_u_a_finanzierungsalternativen_in_der_gkv, Zugriff: 11.10.2007; Stand: 09 / 2004
- Finanzierung der GKV über Kopfpauschalen – Auswirkungen verschiedener Modellvorschläge, in: http://www.boeckler.de/pdf/pm_2004_12_7_pfaff_lang.pdf, Zugriff: 11.11.2007; Stand: 2004
- Kopfpauschalen zur Finanzierung der Krankenversicherungsleistungen in Deutschland, in: http://www.wiwi.uni-augsburg.de/vwl/institut/paper/246.pdf, Zugriff: 18.11.2007; Stand: 07 / 2003

Pfeiffer, D.: Wesentliche Positionen der Ersatzkassen zur Reform und Weiterentwicklung der Pflegeversicherung, in: http://www.vdak.de/versicherte/Pflegeversicherung/ positionspapier_ek/statement_pfeiffer_20050707.pdf, Zugriff: 05.12.2007; Stand: 07 / 2005

Pimpertz, J.: GKV – Mehr Wirtschaftlichkeit tut Not, in: http://www.presseportal.de/ pm/51902/989819/institut_der_deutschen_wirtschaft_koeln_iw_koeln/, Zugriff: 05.11.2007; Stand: 05 / 2007

Rhein-Main-Finanzen (o. V.): Steigen die GKV-Beiträge auf über 15 Prozent?, in: http://www.rhein-main-finanzen.de/blog/weblog/ steigen_die_gkv_beitraege_auf_ueber_15_prozent.html, Zugriff: 05.11.2007; Stand: 12 / 2006

Römer, M. / Borrell, R.: Die Bürgerversicherung: Die falsche Medizin für die Krankenversicherung, in: http://www.karl-braeuer-institut.de/webcom/show_article.php/_c-1243/_nr-2/i.html, Zugriff: 11.10.2007; Stand: 06 / 2005

Rothgang, H. u. a.: Kopfprämienmodelle in der GKV – lohnt sich ein Systemwechsel?, in: http://www.uni-essen.de/fb5/pdf/140.pdf, Zugriff: 19.11.2007; Stand: 01 / 2005

Ruiss, D. / Dietrich, G.: Bürgerversicherung und Kopfprämie - Reformoptionen im Vergleich, in: http://www.ikk.de/ikk/generator/ikk/unternehmen/politik-und-positionen/6460.pdf, Zugriff: 15.11.2007; Stand: 05 / 2004

Rürup, B. u. a. (Rürup-Kommission): Bericht: Nachhaltigkeit in der Finanzierung der Sozialen Sicherungssysteme, in: http://infomed.mds-ev.de/sindbad.nsf/ de083cd4fce51312c12571e700442bef/ed702a4fc25bb00200256d94003e84d7/$FILE/RUERUP_Be richt.pdf, Zugriff: 05.12.2007; Stand: 08 / 2003

Rürup, B. / Wille, E.: Finanzierungsreform in der Krankenversicherung Gutachten 2004, in: http://www.arbeitnehmerkammer.de/Sozialpolitik/doku/02_politik/debatten/buergerversicherung/2 004_07_15_ruerup_wille.pdf, Zugriff: 16.11.2007; Stand: 07 / 2004

Sachverständigenrat für die Konzentrierte Aktion im Gesundheitswesen: Jahresgutachten 2003 Finanzierung – Nutzenorientierung (Kurzfassung), in: http://www.svr-gesundheit.de/ Gutachten/Gutacht03/kurzf-de03.pdf, Zugriff: 03.11.2007; Stand: 2003

Sachverständigenrat Wirtschaft:
- Jahresgutachten 2007 – Soziale Sicherung: Mehr Licht als Schatten, in: http://www.sachverstaendigenrat-wirtschaft.de/download/gutachten/jg07_iv.pdf, Zugriff: 10.12.2007; Stand: 10 / 2007
- Jahresgutachten 2005, 5. Kapitel: Kranken- und Pflegeversicherung, in: http://www.verdi.de/sozialpolitik/dokumentenablage_fuer_verlinkungen_bereich_sopo2/do kumente_gesundheitspolitk_buergerversicherung/data/sachverstaendigenrat_wirtschaft_jah resgutachten_2005, Zugriff: 22.11.2007; Stand 11 / 2004

Schmidt, M.: Der Gesundheitsfonds, in: http://www.med-kolleg.de/magazin/gesundheitsfonds-2007.html , Zugriff: 29.10.2007; Stand: 04 / 2007

Schüren, M.: Pflegeversicherung – Was die Kasse zahlt, in: http://www.focus.de/finanzen/ versicherungen/pflegeversicherung, Zugriff: 08.12.2007; o. S.

Schulze – Ehring, F.:

- Eine Modellsynopse zur Reform der Pflegeversicherung, in: http://www.wip-pkv.de/ uploads/tx_nppresscenter/Modellsynopse_Reform_Pflege.pdf, Zugriff: 05.12.2007; Stand: 02 / 2007

- Die niederländische Gesundheitsreform 2006 aus deutscher Sicht, in: http://www.private-krankenversicherung.de/downloads/niederlaendische-gesundheitsrefom-2006.pdf, Zugriff: 23.11.2007; o. S.

Senioren-, Pflege- und Behindertenführer (o. V.): Die Gesundheitsreform im Überblick, in: http://www.s-p-b-fuehrer.de/Zentral_Daten/KV2005.html , Zugriff: 27.10.2007; o. S.

Steffen, J.: Der Gesundheitsfonds, in: http://www.arbeitnehmerkammer.de/Sozialpolitik/doku/ 01_aktuell/info-grafik/2006_08_22_gesundheitsfonds.pdf , Zugriff: 29.10.2007; Stand: 08 / 2006

Sozialpolitik Aktuell (o. V.): Zentrale Inhalte der Gesundheitsreform 2006, in: http://www.sozialpolitik-aktuell.de/docs/zentraleinhaltegesundheitsreform2006-10-05.pdf, Zugriff: 27.10.2007; o. S.

SPD-Projektgruppe Bürgerversicherung: Modell einer solidarischen Bürgerversicherung, in: http://www.boeckler.de/pdf/thema_gesundheit_2004_08_26_spd_projektgruppe.pdf, Zugriff: 11.10.2007; Stand: 08 / 2004

Statistisches Bundesamt Deutschland: Entwicklung der Gesundheitsausgaben 1996 bis 2005, in http://www.destatis.de/jetspeed/portal/cms/Sites/destatis/Internet/DE/Grafiken/Gesundheit/Diagra mme/Einwohner,templateId=renderPrint.psml, Zugriff: 22.12.2007; Stand: 2007

Steuerlexikon Online (o. V.): Sparerfreibetrag, in: http://www.steuerlexikon-online.de/ Sparerfreibetrag.html, Zugriff: 09.10.2007; o. S.

Stiftung Marktwirtschaft (o. V.): Kronberger Kreis, in: http://www.kronberger-kreis.de, Zugriff: 18.11.2007; o. S.

Tagesschau (o. V.): Was haben die Arbeitslosen vom Aufschwung?, in: http://www.tagesschau.de/ wirtschaft/aufschwung2.html, Zugriff: 03.11.2007; Stand: 10 / 2007

Tagesspiegel (o. V.): Die Eckpunkte der geplanten Pflegereform, in: http://www.tagesspiegel.de/ politik/deutschland/Pflegereform-Koalition;art122,2324483, Zugriff: 05.12.2007; Stand: 06 / 2007

Terhorst, T.: Gesundheitsreform 2006 in den Niederlanden – Kapitel 3, in: http://www.uni-muenster.de/HausDerNiederlande/Zentrum/Projekte/NiederlandeNet/Dossiers/geundheitsreform20 06_ziekenfondswet.html, Zugriff: 23.11.2007; Stand: 10 / 2006

Verband der privaten Krankenversicherung (o. V.): SPD-Konzepte münden in Einheitskasse, in: http://www.pkv.de/downloads/PM_SPD-Konzept.pdf, Zugriff: 10.10.2007; Stand: 08 / 2004

Vereinte Dienstleistungsgewerkschaft (o. V.):
- Solidarität und Qualität stärken, in: http://gesundheitspolitik.verdi.de/ finanzierung/reform_2006/gesundheitsreform_2006/data/Solidarit%C3%A4t%20+%20Qua lit%C3%A4t , Zugriff: 05.11.2007; o. S.
- Gesundheitspolitik / Bürgerversicherung, in: http://sozialpolitik.verdi.de/ dokumentenablage_fuer_verlinkungen_bereich_sopo2/dokumente_fuer_sozialpolitische_in formationen/data/sopo_info_07_teil_i, Zugriff 11.10.2007; o. S.
- **Versicherungsvergleiche (o. V.):** Gesetzliche Pflegeversicherung: Beitragsbemessung, in: http://www.versicherung-vergleiche.de/lexika/bavlexikon/ gesetzliche_pflegeversicherung.htm, Zugriff: 09.12.2007; o. S.

Wasem, J.: Bürgerpauschale – Gesundheitsprämie - Bürgerversicherung, in: http://www.ruhr-uni-bochum.de/sozialreformen/downloads/Ringvorlesung%20Bochum%20Mai%202005.pdf, Zugriff: 10.10.2007; Stand: 02 / 2005

Wasem, J. / Greß, S.: Kopfprämien in der GKV – Eine Perspektive für die Zukunft?, in: http://www.arbeitnehmerkammer.de/Sozialpolitik/doku/02_politik/debatten/buergerversicherung/2 003_05_00_wasemetal.pdf,, Zugriff: 14.11.2007; Stand: 05 / 2003

Wasem, J. u. a.: Krankenversicherungsreform in den Niederlanden – Vorbild für einen Kompromiss zwischen Bürgerversicherung und Pauschalprämie in Deutschland?, in: http://www.uni-due.de/wiwi-essen/pdf/150.pdf, Zugriff: 24.11.2007; Stand: 07 / 2006